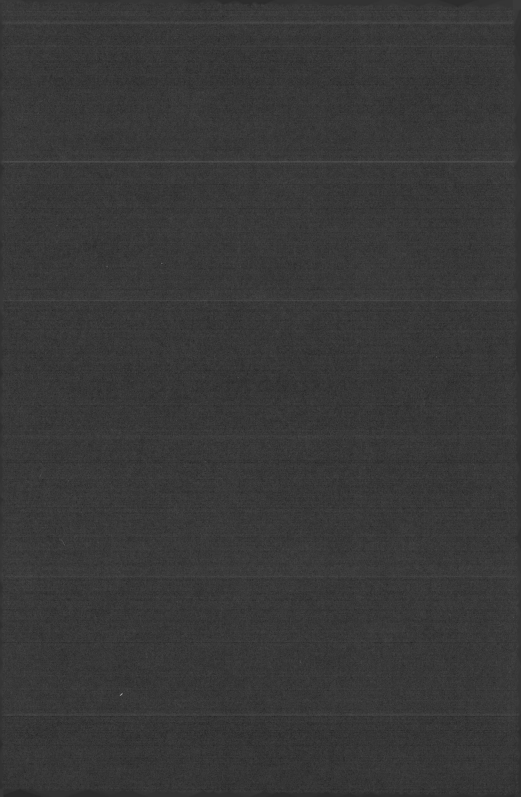

신사임당

뜻을 세우고 그림을 그리다

신사임당

조선사역사연구소 지음

Atto Book

당대 최고의 여류 삼절 신사임당
걷는 듯 천천히 작품 세계를 완성해가다

　우리 조선사역사연구소에서는 〈장영실-최고의 과학자〉편에 이어서 그녀에 대한 책을 출간하게 됐습니다. 책의 방향을 잡기 위해 사임당 신씨에 대한 여러 자료를 살펴봤습니다. 사실 사임당 신씨에 대한 책은 도서관이나 서점에서 쉽게 접할 수 있었기에 자료를 구하는 것은 어렵지 않았습니다. 다만, 사임당 신씨의 어떤 부분을 부각시켜야 할지 망설여졌습니다. 앞서 출간한 〈장영실-최고의 과학자〉의 경우 남아 있는 자료가 너무 적었다면, 사임당의 경우는 정반대였기 때문입니다. 사임당 신씨가 남기고 간 작품은 많지 않았지만, 그녀에 대한 사료는 아주 방대했습니다.

　고민 끝에 결정했습니다. 누구나 다 아는 사실을 요약·정리하는 작업보다 사임당 신씨의 흔적을 있는 그대로 보여드리기로 말입니다. 하여 사임당이 생애에 대해서는 최대한 간략하게 정리를 하고, 오죽헌·시립박물관의 협조를 받아 그녀의 작품을 소개하기로 했습니다.

여기서 사임당 신씨의 작품을 소개하는 기준은 다분히 주관적이나, 작품에 대한 설명은 최대한 도록에 있는 내용을 참고했습니다. 작품 설명까지 주관적일 경우, 자칫하면 위인 사임당 신씨에게 누를 끼치는 것 같았기 때문입니다. 이 점을 고려하시어 본책을 읽으시면 좋을 것 같습니다.

단 한 번도 만난 적이 없는 한 인물에 대해 알아보는 과정을 즐겨보셨으면 합니다. 역사에 기록된 인물에 관한 세상의 평가는 정말로 많습니다. 그것의 옳고 그름을 따지기보다는 어째서 그런 평가를 받는지 한 번쯤 그 근거를 찾아보면 어떨까 싶습니다. 그런 과정은 오랜 시간이 흐른 후 걷어내는 침전물과도 같습니다. 그러다 보면 단순히 과거 위인을 알아가는 호기심과 재미에 그치지 않고 타인의 삶을 좀 더 다정한 시선으로 보게 될 것입니다. 물론 반드시 그렇다고 확신은 할 수 없습니다.

다만 잠시라도 타인의 삶에 기울이다 보면, 시리고 을씨년스러운 마음에 온기가 생기지 않을까 싶습니다. 나아가 매일 똑같은 일상도 조금씩 다르게 보일지도 모릅니다. 그도 그럴 것이 사임당 신씨의 경우, 우리가 주변에서 쉽게 볼 수 있는 것을 소재로 한 그림이 대다수입니다. 사임당 신씨의 그림을 자세히 들여다

보세요. 우리가 여름이면 늘 먹던 수박이, 어린 시절 보았던 사마귀와 여치, 그리고 이름 모를 꽃이 그려져 있습니다. 우리가 그냥 지나쳤던 찰나의 그것들의 모습이 그림 속에 머물고 있습니다.

물론 사임당 신씨의 시선을 거쳐 그림으로 재탄생한 것들이죠.

일단 사임당의 작품들을 보십시오. 제아무리 세상 사람들이 사임당 신씨의 훌륭한 업적과 삶에 대해 이러쿵저러쿵 말한다 한들, 그게 뭐 그리 중요하겠습니까? 사임당의 작품을 먼저 눈으로 보고 느껴보세요. 아무 생각 없이 그저 바라만 보셔도 좋습니다. 그 어떤 노력도 하지 마시고 그냥 보세요. 억지로 애쓰지 마시고, 읽기 싫은 부분은 뛰어넘고 작품만 보셔도 됩니다. 책으로는 만족할 수 없다면 오죽헌·시립박물관에 문의해 도록을 구입하시는 방법도 있겠지요. 서점에서 호기심에 구입한 한 권의 책에서 시작해, 그 작품을 보관하고 있는 박물관의 도록을 구입하고, 그러다 보면 언젠가는 책이 아닌, 실제의 그 공간으로의 강한 끌림을 경험하게 될지도 모르니까요.

많은 사람들이 공감하는 글귀 중 "사람이 온다는 것은 실로 어마어마한 일이며 한 사람의 일생이 오기 때문이다"라는 구절이 있습니다. 이는 나에게 온 그 사람을 '이해'하기 위해 노력을 기울여야 한다는 의미일 것입니다. 지금 사임당 신씨라는 사람이 오고 있습니다. 부유물처럼 떠돌던 사임당 신씨의 잔재는 시간이 흐르자 다양한 방식으로 재탄생하고 있습니다. 우리에게는 조선

유수의 서화가이자 문장가보다는 율곡 이이의 어머니로 더 잘 알려진 사임상 신씨. 그녀의 생애는 물론이거니와 자신만의 색깔을 가진 작품 세계가 보다 많은 사람들에게 알려지기를 바랍니다. 더불어 이젠 율곡 이이의 어머니보다는 한국을 대표하는 화가의 일원으로 불리기를 기원합니다. 그것이야말로 시대정신을 너머 지금의 우리에게도 뜨거운 울림을 선사하는 사임당 신씨의 빛나는 일대기를 이해하기 위해 필요한 태도일 것입니다.

마지막으로 책이 출간될 수 있도록 큰 도움을 주신 아토북출판사 관계자분들을 비롯해 오죽헌·시립박물관 관계자분들과 귀한 사진을 보내주신 김광일 선생과 송윤선 편집자에게 고마움을 전합니다.

2016년 9월
조선사역사연구소 일동 올림

제2장 사임당, 뜻을 세우다

제3장 사임당의 그림들

제4장 문인으로서 사임당

제5장 사임당의 자녀들

한눈에 보는 사임당 일대기 (1504-1551)

1504년(연산군 10)   10월 29일 출생

● 사임당의 집안

부친 신명화와 모친 용인이씨의 사이의 다섯 딸 중 둘째 딸로

외가인 강원도 강릉 북평촌의 오죽헌에서 태어났으며,

본관은 평산이고, 본명은 신인선(申仁善)이다.

1510년(중종 5)   7세 - 안견의 〈산수도〉를 모방면서 그림을 그리기 시작

● 사임당의 유년시절

사임당은 부친과 외조부 이사온에게 소학과 대학,

가례 등에 대한 교육을 모친으로부터 〈삼강행실도〉, 〈내훈〉,

자수, 바느질 등을 배운다. 또한 부친 신명화가 선물로 사준

안경의 〈산수도〉를 모방, 처음으로 그림 그리기를 시작하였다.

당시 어린 사임당의 그림을 보고 주위에서 극찬을 아끼지 않았다.

1516년(중종 11)   13세 - 부친 신명화 진사 시험에 합격

1522년(중종 17)   19세 - 덕수 이씨 가문의 이원수와 혼인! 그 해 부친 별세

1524년(중종 18)　　21세 – 장남 선(璿) 출산

　　　　　　　　　　● 사임당의 결혼생활

　　　　　　　　　사임당은 이때부터 홀로 계신 모친을 알뜰살뜰 챙겼다.

　　　　　　　　　하여 시댁과 친정 강릉 등지를 옮겨 다니면서 생활하였다.

1529년(중종 23)　　26세 – 장녀 매창(梅窓) 출산

1530년(중종 24)　　27세 – 차남 번(璠) 출산

1534년(중종 28)　　31세 – 차녀 출산

1536년(중종 30)　　33세 – 셋째 아들 율곡 이이(李珥) 출산

　　　　　　　　　　● 사임당의 태몽 이야기

　　　　　　　　　사임당은 한 선녀가 살결이 눈부시게 희고

　　　　　　　　　오색 광채가 나는 옥동자를 사임당의 품속에 안겨주는

　　　　　　　　　태몽을 꾸고 난 지 10개월 만에 찬란히 빛나는 검은 용이

　　　　　　　　　동해바다에서 침실로 날아드는 꿈을 꾸고 율곡 이이를 출산한다.

1541년(중종 35)   38세 – 〈유대관령망친정〉이란 시를 지음

●모친 용인 이씨를 향한 사임당의 효심

사임당의 강릉 친정에서 시댁 서울로 가던 중 대관령 중턱에서

홀로 계신 모친을 그리워하며 지은 시가 〈유대관령망친정〉이다.

1542년(중종 36)   39세 – 넷째 아들 우(瑀) 낳음

● 사임당의 넷째 아들 우

그는 어머니 사임당을 닮아서 시, 서, 화, 거문고에 뛰어났고,

훗날 우리나라 초서 대가로 불리는 고산 황기로의 사위가 된다.

1550년(명종 5)   47세 – 사임당 남편 이원수 공이 수운판관이 되었음

● 수운판관

지방으로부터 나라에 조세로 바치는 곡식을

서울로 실어 나르는 선박 관련 업무를 맡는 관직을 말한다.

1551년(명종 6)   향년 48세 – 5월 17일 심장질환으로 별세

• 갑자기 병상에 눕게 된 사임당

사임당은 쓰러지고 나서 차도가 없었다.

이삼일 후에는 위독해졌고, 병상에 둘러앉은 다른 자녀들에게

'나는 이제 일어나지 못할 것이다'란 말을 남긴 것으로 전해진다.

이때 남편 이원수의 나이는 51세, 셋째 아들 이이의 나이는 16세.

• 사임당의 죽음

5월 14일 경, 사임당은 사경을 헤매다가

5월 17일 결국 눈을 감는다. 이후 파주 두문리 자운산에 묻힌다.

• 사임당의 작품

유대관령망친정, 사친 등의 시와 자리도, 산수도, 초충도, 노안도,

연로도 등의 그림이 전해지고 있다.

제1장

조선시대 여성사

조선시대 여성사
어떻게 읽을 것인가?

남자는 하늘, 여자는 땅이라는 옛말이 있다. 불행하게도 아직도 이런 비상식적인 말을 들먹이는 이들이 더러 있다. 설상가상으로 어디 남편과 아내가 평등한 관계가 될 수 있느냐며, 목에 핏대를 세우고 말씀하시는 어른도 계시다. 이를 두고 옳고 그름으로 나눌 생각은 추호도 없다. 삶의 가치관이란 충분히 다를 수도 있다. 다만, 이쯤 되면 나도 모르게 이런 생각이 뇌리를 스친다. '지금이 조선시대도 아닌데 아직도 그런 말을 하시다니…'

흔히들 가부장적이 사고방식을 가진 사람을 보면 자연스레 조선시대를 떠올린다. 제아무리 중·고등학교 시절 역사 시간에 졸았다 해도 십중팔구 조선시대를 떠올릴 것이다. 그렇다면 왜 하필 고구려시대도 아니고, 신라시대도 아니고, 고려시대도 아니고 조선시대일까. 바로 조선시대야말로 가부장적인 문화와 남성 우월주의가 팽배했던 시대였기 때문이다. 실제 유교전통이 신분질서에 끼친 영향이 본격적으로 미치기 시작했던 조선시대 때 여성들의 지위는 턱없이 낮았다. 당시 여성들은 남편에게 순종하는 수동적인 여성으로서의 살아갔다.

당연히 여성들의 사회진출은 일절 허용되지 않았고, 이로 인해 설사 재능이 있거나 뭔가를 배우고 싶은 여성들이 있다 한들, 자신의 의지대로 마음껏 펼칠 수가 없었다. 그야말로 조선시대는 여성들에게 있어서 가혹하고 참담하기 그지없는 혹한의 시대였다. 조선시대, 여성으로 태어난 건 죄였고, 그 고통은 현재진행형이었다.

> "여성으로 태어난 게 '죄'가 되는, 정말인지 말도 안 되는 시대가 있었다. 여성은 자신의 의지대로 배울 수도, 살아갈 수도 없었다.
> 그런 차별은 성리학적 유교질서를 확립하면서 생긴 결과로 일종의 부작용이었다."

그렇다면 교육받지 못하는 수동적인 삶이란 과연 어땠을지 생각해보자. 자유의지를 지닌 사람으로 태어나 배움이 없는 삶이란, 아마도 인생이라는 무대가 사방이 막혀버린 감옥과도 같지 않았을까. 먹고사는 문제가 해결됐다 하더라도 그런 삶이라면,

매일 반복되는 일상 속에서 새로움을 찾고 느끼기란 불가능했을 터이다.

이와 동시에 여성 입장에서는 왜 항상 남자의 그늘에 가려진 채로 지내야만 하는지 사유하게 되고, 덩달아 배움의 갈증이 나날이 커져갔을 것이다. 수많은 재능 있는 여성이 겪었을 좌절과 고통을 생각하면, 마음이 저려온다. 그 어떤 재능도, 열정도, 노력도, 여성에게는 있으나마나 한 무용지물이었을 테니 말이다. 그야말로 여성으로 태어난 게 죄라고까지 느껴졌을 만하다.

이처럼 조선시대는 '여성'으로 태어난 것 자체가 삶을 살아가는 데 심각한 장애물이나 마찬가지였다. 이는 설사 양반집 규수라 할지언정 마찬가지였다. 제아무리 뼈대 깊은 집안에서 태어나더라도, 글은 배울 수 있었다 하더라도 여성 자신이 주체가 돼서 능동적 삶을 살아가기 보다는 한 남자의 아내이자 아이들의 엄마로의 삶밖에 누릴 수 없었다. 결국 그녀들에게 주어진 가장 큰 직무는 자녀교육과 내조였다. 더 넓은 세계로 나아갈 수 있는 기회조차 여성에게는 주어지지 않았던 그때 그 시절, 아마도 조선시대는 여성들에게 있어서 최고의 암흑기였다 해도 과언이 아닐 것이다.

그렇다면 정말로 조선시대는 여성들에게 최고의 암흑기였을까. 여기에 대해서는 적확하게 짚고 넘어갈 필요가 있다. 엄밀히 말해 조선시대 여성사를 뭉뚱그려 그렇게 정의한다는 건 옳지 않다. 남성 중심의 가부장제 사회의 틀 속에서 많은 불합리를 안고 살아야만 했던 인고의 삶이 시작된 건 성리학이 뿌리내린 조선 후기부터라고 봐야 한다는 게 역사학자들의 주장이다.

하여 지금부터 여성을 향한 조선의 시선, 조선에서 여성으로 살아가기란 과연 어떠했는지에 간략하게 알아보고자 한다. 조선 시대 여성의 삶을 초기부터 중기, 말기로 구분해 조선시대 여성을 억압하는 것이 무엇인지, 그 실체에 대해 적확하게 알고자 한다. 그도 그럴 것이 조선시대라 해도 초기와 중기의 생활풍습에 있어서 차이점이 많기 때문이다.

"조선시대는 여성들에게 있어 최고의 암흑기였다. 그러나 조선 시대 여성사에서 인고와 굴종의 시대만 있었던 것은 아니다."

먼저 조선 초기 풍경을 살펴보자. 아직 유교의 의식화가 강화되지 않았던 조선 초기에는 고려시대 풍습이 그대로 이어지고 있었다. 구체적으로 말해서 여성들은 결혼과 이혼 그리고 재혼을 하는 데 있어서 자유로웠다. 믿기 힘들겠지만 사실이다. 또한 재산상속 부분에서도 여성은 남녀차별 없이 분배를 받을 수 있었다. 이처럼 우리 역사 속에서 여성들의 지위는 항상 낮은 것만은 아니었다.

여기서 잠깐, 뜬금없지만 지리산 얘기를 하고자 한다. 지리산 정상에 오르기 위해 반드시 거쳐야 하는 장소가 두 곳이 있다. 바로 통천문과 개선문이다. 정상 오름에 발을 내딛기 위해서라면 무슨 일이 있더라고 이곳을 지나야 한다. 그렇지 아니하면, 결코 정상에 다다를 수가 없다. 역사 속 위인에 대해 알아보고자 하는 작업도 그러하다. 한 인물을 알기 위해 그가 살았던 시대를 온전히 알고 난 뒤에야 비로소 알고자 하는 인물에 한 걸음 가까이 갈 수 있다.

간단하게 얘기하면 될 걸, 말이 장황했다. 그럼 지금부터 고려시대 여성의 삶이 어땠기에, 조선시대보다 지위가 높았다고 할 수 있는지 살펴보고자 한다.

"유교의 의식화가 강화되지 않았던 조선 초기. 그때만 하더라도, 고려시대 풍습이 그대로 이어지고 있었다."

역사를 거슬러 올라가면, 고려시대 때 여성의 지위는 조선시대보다 더 높았다고 할 수 있다(물론 제도권선 남성이 주도권을 갖고 있었지만, 상대적으로 조선시대보다는 훨씬 높았다고 할 수 있다.). 특히 성별을 구분하지 않고 재산을 상속하는 이른바 '남녀평등분재'의 문화는 고려시대부터 행해지고 있었는데, 이를 뒷받침하는 자료도 있다. 그것이 바로 『고려사』(고려시대의 정치, 경제, 사회, 문화, 인물 등을 정리한 역사책)에서 찾아볼 수 있는데, 그 내용은 다음과 같다.

> 그의 어머니가 일찍이 재산을 나누어줄 때에
> 나익희에게 따로 노비 40구(口)를 남겨 주었는데
> 나익희는 "내가 여섯 남매 가운데 외아들이 되었다 하여
> 어찌 소사한 것을 더 차지함으로써 여러 자녀를 골고루 화목하게
> 살도록 하는 거룩한 어머니의 뜻을 더럽히겠습니까?"라고 하면
> 서 사양하였다. 그리하여 그의 어머니는 의리에 맞는 말이라 하
> 여 그의 말을 따랐다.
> -『고려사』-

이처럼 『고려사』에는 나익희라는 인물이 모친으로부터 누이들
보다 많은 노비를 상속받았으나, 이를 거절했다는 이야기가 수록
돼 있다. 나익희가 40구의 노비를 거절한 이유 또한 나와 있다.
바로 남매간의 화목을 위한 거였다. 이렇듯 고려시대에는 남녀
평등한 분재가 당연하게 여겨졌으며, 공평한 재산상속은 법으로
까지 보장돼 있었다. 그러니까 아들 혹은 장남이라고 해서 부모
로부터 더 많이 재산을 상속받는 일은 법에 위촉되는 것이었다.
이와 관련된 내용 역시 『고려사』에 기록돼 있는데, 그 내용은 다
음과 같다.

마땅히 나눠야 할 재물의 몫을 공평하게 나누지 않는 자는 재물의 양에 따라 곤장을 맞거나 도형에 처한다.

-『고려사』-

공평한 재산상속이 이루어졌던 당시 시대상을 알 수 있는 이야기를 소개하겠다. 때는 바야흐로 고려 후기의 문신, 손변이 경상도 안찰부사로 있었을 때다. 그 고을의 아버지가 돌아가시면서 남동생에게 검정 옷 한 벌, 모자 하나, 신발 한 켤레, 종이 한 장만 남겨주고 나머지 재산은 누나들 모두에게 물려준 것에 대하여 남동생이 소송을 냈다. 유서의 내용이 부당하다는 주장이었다.

이 이야기를 들은 손변은 "자식에 대한 부모의 마음은 똑같은데, 어찌 딸에게만 후하겠는가? 어린 아들이 의지할 사람이 누이인데, 만일 누이와 균등하게 재산을 물려주면 동생을 사랑함이 덜하여 잘 돌봐주지 않을까 염려한 것이다. 죽은 아버지는 아들이 성장한 후에 물려준 옷을 입고, 모자를 쓰고. 신발을 신고. 종이로 탄원서를 내어 자신의 몫을 찾으라는 의미였을 것이다." 라고 타이르며 남동생에게 재산을 분배했다. 이에 누이들과 남동생이 서로 부여잡고 울었다고 한다. 이 이야기를 통해서 생각해 보면, 당시 사람들에게 자녀 간의 균분상속은 당연한 것이었음을 알 수 있다.

따라서 이를 토대로 비록 아버지가 자식들에게 균등하지 못한

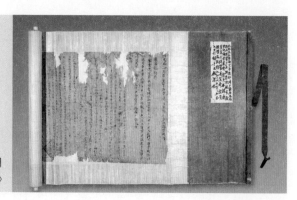

고려 말 화령부 호적 관련 문서
〈출처 : 국립중앙박물관〉

유산상속을 했다 할지언정 이것은 부친의 본심이 아니었을 것이라고 판결했음을 확인할 수 있다. 더불어 이 사례를 통해 우리는 고려시대에는 자녀 간 균분상속의 관행이 이루어졌음을 생생하게 알 수 있다. 이처럼 고려시대에는 재산상속이 성별 구분 없이 공평하게 이뤄졌다. 또한 첫째라고 더 받거나, 아들이라도 더 받는 것은 아니었다는 말이다. 당시 재산상속의 균분은 관습적인 것이었고, 누구나 이를 자연스럽게 받아들였던 것이다. 따라서 부모가 죽은 후 형제자매에게 재산을 나누어 주기를 꺼렸던 장남 혹은 장녀는 사회적으로 지탄의 대상이 되었다.

"고려시대에는 아들, 딸 차별 없이 부모의 재산은 균등상속이 이루어졌다. 부모에게는 재산균등 상속의 의무가 있었다."

이와 같이 자녀 간 균분상속이 이루어졌다는 것은 다르게 말해서 그에 따른 '의무' 역시 균등했다는 것을 뜻한다. 재산상속에 따른 자녀의 의무는 부모가 살아계실 때 부모 봉양을 잘 하는 것이고, 부모 돌아가시고 나서는 부모에 대한 제사를 잘 하는 것이라고 할 수 있다. 부모 생전에 부모에 대한 봉양은 조선 후기 이후에는 전적으로 장남의 몫이었던 것과는 달리 고려시대에는 딸도 그 역할을 수행하였다. 고려시대에는 부모가 딸과 사위와 함께 사는 경우가 많았으므로, 부모 봉양에 있어 딸의 역할이 상당하였다고 한다. 이는 현재 남아 있는 고려시대 호적에서 아들·며느리와 동거하는 경우뿐만 아니라, 딸·사위와 동거하는 경우가 상당수에 달했다는 점에서도 확인된다.

고려시대에는 여성에게 균등한 재산상속이 이루어졌을 뿐만 아니라, 상속받은 몫에 대한 여성의 재산권 행사가 인정되었다. 호구단자 등에 기록된 노비의 기록을 보면, 노비가 어디에서 왔는가 하는 점이 명시되어 있었는데, 이것은 여성이 가지고 온 노비의 소유권이 결혼하여 남자 집에 산다고 해서 소멸되는 것이 아님을 의미하는 것이다. 다시 말해서 여자가 결혼할 때 데리고 간 노비는 결혼했다고 하여 남편에 귀속되지 않고 부인에게 그대로 소유권이 남아 있었다. 따라서 부인이 재혼을 하거나 혹은 후손이 없을 경우에 부인 쪽의 노비는 다시 친정으로 귀속되는 것이었고, 이런 제도 덕분에 노비 소유권을 둘러싼 분쟁을 미연에

방지할 수 있었다. 이처럼 고려시대에는 여성의 재산권 행사를 인정하였고, 나아가 이를 보다 안정적으로 보장하기 위해 제도로 확립했던 것이다.

> *"고려시대에는 여성의 재산권 행사가 인정되었다. 이는 호구단 자 등에 기록된 노비의 기록을 보면 잘 알 수 있다."*

이 외에도 고려시대 여성의 지위가 조선보다 높았다는 사실을 뒷받침하는 자료들이 더 있다. 여기서 한 번 더 짚고 넘어가자. 앞서 말했다시피 조선 초기만 하더라도 고려의 풍습이 남아 있었다. 때문에 조선시대 여성사를 읽어나가려면, 고려시대 여성과 관련된 생활풍습을 주목하는 것은 필수불가결의 과정이다. 이런 작업을 통해 조선시대 여성사를 뿐만 아니라 한국 여성사에 대한 흐름과 더불어 여권 신장의 변화 또한 알 수 있을 것이다.

설명은 이 정도에서 마치고, 다음으로 여권이 조선시대보다 강했다던 고려시대의 혼인풍습에 대해 알아보자. 다양한 사례를 기록한 사료를 바탕으로 살펴보고자 하는데, 이를 통해 당시 고려 여성의 지위가 어떠했는지 잘 알 수 있을 것이다. 먼저 고려 시대는 '남녀평등분재'의 문화뿐만 아니라 결혼풍습 또한 양성 평등의 모습을 띄고 있었다. 고려시대 여성들은 결혼과 이혼을 하는 데 있어서 자유로웠으며, 나아가 여성의 재혼(재가) 역시 자유롭게 허용됐다. 따라서 고려시대에는 이혼율도 높은 편이었는데, 송나라 사신의 고려 견문기인 《고려도경》을 보면 이를 잘 알 수 있다. 그 내용은 다음과 같다.

> 고려인들은 쉽게 결혼하고 쉽게 헤어져 그 예법을 알지 못하니 가소로울 뿐이다.
> -『고려도경』-

이때 이혼을 요구하는 쪽은 남성이 여성보다 훨씬 많았다고 한다. 남편에 의해 이혼이 쉽게 요구되는 사례를 잘 보여 주는 것이 권수평의 경우이다. 당시 견룡이란 관직은 비록 지위는 낮지만 권귀에게 총애를 얻을 수 있는 것이어서, 사람들이 모두 원하였다. 권수평은 이 관직에 보임되었지만, 집이 가난하여 사양했다. 바로 그때, 권수평의 친구가 이르기를 "이것은 영광스런 것이다. 대개 부인을 바꿔 부를 구하는데, 그대가 만약 새장가를 간다면 부잣집 중에서 누가 딸을 주지 않겠는가"라고 하였다. 여기서 당시 부를 핑계로 이혼하고 새장가를 가는 경우가 흔히 이었음을 잘 알 수 있다. 이와 관련해 권수평 이야기를 살펴보면 다음과 같다.

> "견룡군에 선발된 것만도 영광이네. 많은 사람들이 아내를 바꾸

어가며 부귀를 구하는 판에, 만약 자네가 부잣집에 다시 장가들려고만 한다면 누가 딸을 주지 않겠는가?"라고 하자 권수평은, "가난과 부귀는 하늘에 달려있네, 어떻게 차마 이십 년 조강지처를 버리고 부잣집 딸을 구할 수 있겠는가?"라며 거절하였다. 말을 꺼낸 사람들이 부끄러워하며 감복하였다.

-『고려사』-

당시 남성은 결혼할 때 신부의 집에서 결혼식을 올리고, 생활하는 경우가 많았기에, 남성이 출세를 하려면 결혼하는 상대, 즉 여성의 집안내력도 아주 중요하였다. 따라서 남성은 되도록 상대적으로 본인의 집안보다 더 높다고 할 수 있는 가문의 딸과 결혼을 하려고 했다. 결혼 후 아내의 집안이 기울면, 이혼을 요구하는 남자들도 꽤 있었다. 그러나 위의 고려사 자료에 의하면 권수평은 그러한 사회분위기에 휩쓸리지 않았음을 알 수 있다. 한편 앞에서 고려시대에는 여성의 재가가 비교적 자유로웠음을 언급했는데, 여성의 재가는 조선시대에 비해 상대적으로 흔한 일이었다. 나아가 재가를 통해 낳은 자녀 또한 차별이 적었다.

충숙왕의 다섯 번째 부인인 수빈권씨는 원래 전형이란 남자에게 시집갔지만, 전씨 집안이 좋지 않다고 하여 이혼을 하고자 하였다. 그러나 이 일이 제대로 이루어지지 않자 왕명에 의탁하여 이혼을 하고 그 후에 왕비가 되었다.

이승장 묘지명
(출처 : 국립중앙박물관)

　이처럼 고려시대에 이혼은 남편과 부인 어느 한 편의 요구에 의해 이루어질 수 있었다. 그러나 이유 없이 어느 한 쪽에 의해 일방적으로 이루어지는 것은 금지되었다. 이미 앞서 설명한 수비 권씨의 경우도 남편의 집안이 좋지 않다는 이유만으로는 이혼을 할 수 없어, 왕명에 의해 강압적으로 해서야 이혼이 이루어졌던 것이다.

　어쨌든 중요한 건 이처럼 고려시대에는 여성의 재혼 자체가 흔하게 이루어지고 있었다는 것이며, 왕의 부인 중에도 재혼녀가 있었다는 사실이다. 충숙왕비인 수비권씨의 경우 외에도 충렬왕의 세 번째 왕비인 숙창원비도 역시 과부였다. 또한 충선왕비인 순비허씨는 원래 평양후 현에게 시집가서 3남 4녀를 낳았는데, 남편이 죽자 그 후 충선왕의 비가 되었으며, 그 자식들은 모두 왕자와 공주로서 대우를 받았다고 한다.

"고려시대에는 여성의 재가가 비교적 자유로웠다. 나아가 재가를 통해 낳은 자녀 또한 차별이 적었다."

이처럼 고려시대에는 여성들의 재혼이 가능했는데, 남편을 여읜 여성의 재혼에 대해 사회적 인식이 그리 부정적이자 않았다. 재혼 후의 결혼생활에서도 여성들은 새 남편을 상대로 자신의 목소리를 냈고, 고려시대 때 재혼한 여성은 새 남편에 당당했다. 이를 알 수 있는 사료도 있다. 그 중 하나가 고려 중기의 문신인 이승장(1137~1191)의 묘지명이다. 그 내용을 살펴보면 다음과 같다.

"의붓아버지가 가난을 이유로 따로 공부시키지 않고 자기 친아들과 동업하게 하자, (이승장의) 어머니는 그럴 수 없다 고집하며 이렇게 말했다. '먹고 살기 위해 부끄럽게도 전 남편과의 의리를 저버렸으나, 유복자(이승장)가 다행히 잘 자라 학문에 뜻을 둘 나이가 되었으니, 그 친아버지가 (생전에) 다니던 사립학교에 입학시켜 뒤를 잇게 해야 해요. 아니 그러면 죽은 뒤에 제가 무슨 낯으로 전 남편을 보겠어요?' 마침내 (새 남편이) 결단해 (이승장을) 솔성재(率性齋)에서 공부하게 하니, 전 남편의 옛 학업을 뒤따르게 한 것이다."

이처럼 고려시대에는 남편을 여읜 여성의 재혼에 대해 사회적 인식이 완전히 긍정적이라고 말할 수는 없어도 그렇다고 해서 부정적이라고도 할 수 없었다. 왜냐하면 재혼 후의 결혼생활에서도 여성들은 새 남편을 상대로 자신의 목소리를 냈음을 알 수 있기 때문이다. 한편, 당시 여성의 재혼이 흔하였음을 보여주는 용어로 '의자'라는 게 있는데, 이것은 전 남편의 자식을 말한다. 고려시대에는 의자에게도 음서의 혜택까지 누릴 수 있었는데, 이를 통해 고려시대에 여성의 재혼이 일반적으로 이루어지고 있었음을 뒷받침하는 또 하나의 근거라고 할 수 있다. 또한 고려시대에는 아들선호사상이 존재하지 않았기에 아들을 못 낳는 것을 이유로 부인을 버리지는 않았다. 남아선호사상이 없다는 것은 가문의 대를 이어야 한다는 강박관념이 없었다는 것을 의미한다.

이런 사회적 분위기를 토대로 고려시대에는 여성이 결혼 후에 굳이 시집살이를 할 필요가 없었다. 본인이 원한다면 얼마든지 친정살이가 가능했다. 이것이 의미하는 바는 무엇일까. 눈치를 챘겠지만, 고려시대에는 남성이 처가살이를 하는 경우가 일반적이었다. 그만큼 고려시대에는 남성들이 친정을 어려워하지 않았다.

이와 관련된 혼례풍습도 고려시대에 있었다. 바로 남자가 여자 집으로 '장가'를 간 다음에 처가살이를 하다가 자식을 낳고, 훗날 자식들이 성장한 후에 부인과 자식을 데리고 시집으로 돌아오는

고려시대 부부의 모습

것으로, 이를 가리켜 '남귀여가혼(男歸女家婚, 일명 처가살이)'이라 하였다. 이는 남성 위주의 혼인문화가 점차 발전해나갔던 우리나라 혼례풍습에서 모계를 중시하는 혼인풍습이었다. 그러나 이는 단순히 고려시대에만 행해지던 결혼풍습이 아니었다. 역사적으로 '남귀여가혼'이라는 혼례풍습은 고대 삼국시대부터 조선 중기까지 전해져온 일반적인 혼례문화였기 때문이다.

"'겉보리가 서 말만 있어도 처가살이는 하지 않는다' 혹은 '뒷간 과 처갓집을 멀수록 좋다'라는 말을 한 번쯤 들어봤을 것이다. 이 말은 모두 조선시대에 나온 것으로 전해지고 있다."

사임당의 남편 이원수 역시 마찬가지였다. 부인인 사임당 집에서 신혼살림을 시작하고, 신랑은 자신의 본가와 처가를 오갔다. 조선 중기 이전 부인들은 시집살이는커녕 딸도 제사를 지내고, 재산도 똑같이 상속받는 당당한 인격체였던 것이다. 특히 신사임당은 남편에게 자신이 죽더라도 재혼은 하지 말라고 요구하기까지 한 여성이었다(이 부분은 2장에서 좀 더 자세히 다룰 예정이다.). 그렇다면 이혼 이후에 또는 과부로서 재혼은 법적으로 가능했을까. 결론부터 말하면 가능했었다. 고려시대에 법적으로 재혼이 비교적 자유로웠다는 것은 고려의 마지막 왕인 공양왕 때 도평의사사에 의해 청원된 다음의 기록을 보면 알 수 있다.

> 산기 이상의 처로 외명부의 사람이 된 자는 재가를 허용하지 말고, 판사 이하에서 6품 이상 관리의 처는 남편이 죽으면 3년 동안 재가를 허용하지 말며, 어긴 자는 실절한 죄로 처하십시오. 또한 산기 이상 관리의 첩 및 6품 이상의 처와 첩이 스스로 수절하기를 원하는 자는 문려에 정표하여 상을 주십시오.

이 기록을 통해 고려시대 마지막 왕의 재위 기간까지도 여성의 재혼이 계속 이루어지고 있었음을 알 수 있다. 또한 이 기록은 일반 여성에 대한 재혼 금지규정이 아니고, 산기 이상 관리의 처로 외명부에 속한 여성의 경우 재혼을 허용하지 말고, 6품 이상 관리의 처인 경우도 3년간만 재혼을 허용하지 말자는 것이었다. 그것도 청원에 불과한 것이어서 실제로 이것의 시행여부는 전혀 알 수 없는 것이다.

그렇기 때문에 고려시대에는 여성의 재혼을 '법적'으로 제한하지 않았다고 할 수 있겠다. 고려시대에는 여성의 지위가 높았기에 당연히 여성의 사회활동 역시 가능했다. 안타깝게도 비록 여성에 대한 작위 수여가 고려 말에 폐지되었으나, 고려시대에는 여성의 사회활동이 비교적 자유로웠다고 말할 수 있다. 여성들도 남성처럼 말을 타기도 했고, 격구 시합을 하기도 하였으며, 상업 활동에 참여할 수 있었다. 호주에 등록이 가능했던 여성들이었기에, 앞서 말했다시피 노비 등을 소유하는 등 일종의 재산권도 가질 수 있었다.

> 九年二月 左司議 權近言,
> "女封宅主, 僧封諸君, 及府外封君, 皆繫官爵輕賤, 並許禁斷."
> (권근이 승려와 여성에 대한 작위 수여 금지를 건의하다.)
> - 1383년 2월 『고려사』-

이 외에도 자녀를 낳으면, 성별 상관없이 태어난 순서대로 호적을 기재했고, 음서혜택이 사위와 외손자에게도 주어졌다. 또한 묘지명 등의 기록을 보면 낳은 자녀의 수를 기록하는 데 있어서 무조건 '몇녀 몇남'이라고 기록하고 있었다. 이것은 매우 사소한 문제로 보일 수도 있다. 그러나 많은 역사학자들은 이것이야말로 당시 여성의 지위를 단편적으로 가장 잘 드러내 주는 것이라고 강조한다.

한편 고려시대에는 여성도 호주가 될 수 있었다. 고려시대 여성들이 혼인 후에도 남편의 성(姓)을 따르지 않고 자기의 성을 갖고 있었던 사실은 그들이 주체적이었으면서 남편의 계보에 종속되지 않음을 보여준다.

여기서 중요한 사실은, 족보에 여성을 기록했다는 것과 더불어 유교적 가족 윤리 확립 이전, 불교를 숭상했던 고려에서는 남녀 차별이 적었다는 사실이다. 이를 토대로 고려시대에는 족보에 남성과 여성을 기재할 수 있었고, 호적을 출생 순으로 기록할 수 있었다. 나아가 여성이 가문의 대를 이어나갈 수 있었고, 여성이 제사를 지낼 수 있었다. 호주는 여성이 될 수 있었을 정도로 고려시대에는 여성의 지위가 높았다.

지금까지 내용을 토대로, 동서양 대부분의 나라가 부계씨족 사회를 거쳐 중앙집권적 봉건국가 체제로 변화해가면서 남성위주의 혼인 문화를 발전시켜 갔음에도 우리나라는 모계를 중시하는 혼인풍습을 꽤나 오랫동안 간직해왔음을 알 수 있다. 특히 '남귀여가' 결혼풍속은 고대 삼국시대, 고려시대, 이조 초기 동안 우리 민족의 일반적인 혼례문화로 자리 잡혀 있었음이 시사하는 바가 매우 크다.

그러나 고려 말 공민왕은 문란해진 왕권강화를 위해 개혁 방안의 필요성을 제기했으며 이는 이제현, 이색, 정몽주 등에 의해 봉건적 신분제도와 가부장제적 종법제도의 합리화를 주된 내용으로 하는 주자학을 도입해. '주자가례'가 본격적으로 보급되면서 여성의 지위는 점점 내려가고 만다. 다행히도 사임당이 살았던 시대에는 고려 왕조의 풍습이 미미하게나마 남아 있었다.

조선시대
혼인과 가족

조선 초기에는 아직 유교의 의식화가 강화되지 않았다. 따라서 여자들은 결혼, 이혼 등이 자유로웠고, 재상상속에도 남녀차별 없이 분배 받았다. 또한 태어난 차례대로 호적을 기재했으며, 사위와 외손자에게도 음서 혜택이 주어졌으며 여성의 재가가 허용됐고 자녀들이 돌아가며 제사를 지냈다. 고려가 멸망하고 조선이라는 나라가 세워졌지만 여전히 고려시대 풍습은 조선 초기까지 이어지고 있었다.

다시 말해서 흔히 알고 있듯이 일부종사(一夫從事)를 이상으로 여겼던 조선 왕조였지만, 초기의 모습은 고려 왕조의 풍습이 남아 내려오고 있는 현실을 볼 수 있는 것이 여러 가지가 있다. 그 가운데 하나가 조선 초기 여성들의 이혼과 재혼 사례다. 물론 조선시대에도 오늘 날처럼 이혼과 재혼을 둘러싸고 온갖 사고가 일어나

마천목 초상화

곤 했다. 그 중 한 사건을 살펴보고자 한다. 바야흐로 1405년(태종 5) 8월 23일 실록에는 마천목(馬天牧)의 처 김 씨 이야기가 등장한다. 김 씨는 은천군 조기(趙琦)에게 시집을 갔다가 남편이 죽자 홍인신(洪仁愼)이란 관리에게 재가했는데, 처녀로 속이고 결혼했다가 발각되어 친정으로 쫓겨났다. 그녀는 얼마 지나지 않아 또다시 처녀라고 속이고 마천목에게 시집을 갔는데, 그것이 들통이 나 버린 것이다. 이에 사헌부에서는 "김 씨의 추한 행실이 심하므로 다스려 바로잡지 않으면 풍기가 무너질 것"이라며 유배를 보낸다는 내용인데 실록의 기록을 살펴보면 다음과 같다.

사헌부에서 상소하기를, "회령군 마천목의 처 김씨가 일찍이 은천군 조기에게로 시집가서 택주(宅主)로 봉하였는데, 기(琦)가

40

죽으매, 수 년이 못되어 재차 검교 중추원 부사 홍인신에게 시집
갔으므로, 유사가 죄주기를 청하여, 이혼시키고 밖으로 폄출하
였는데, 김씨가 그 행실을 고치지 않고, 겨우 종편하게 되자 또
천목에게로 시집갔으니, 그 추한 행실이 심합니다.

지금 다스려 바루지 않으면, 장차 풍기(風氣)가 점점 무너져서
제지하지 못하게 될 것이니, 먼 변방에 추방하여 풍속을 오염치
못하게 하소서." 하였으나, 소(疏)를 궐내(闕內)에 머물러 두고
내려보내지 않았다.

- 1405년(태종 10) 8월 23일《태종실록》-

　이처럼 조선 초기에는 여러 번 재혼한 여성을 사헌부에 고할
정도로 부정적인 시선이 조금씩 생겨나고 있었다. 그러나 사헌부
에서 여러 번 재혼한 마천목의 처 김씨를 처벌토록 청하였으나
결국 임금은 마천목의 처를 처벌하지 않았다. 고려시대에는 여성
의 선택으로 이혼과 재혼이 행해졌다면 조선 초기에는 개인의 선
택보다는 임금의 허락 하에 이혼과 재혼이 이루어졌다고 할 수
있다.

　그러나 사회 전반적으로 아직까지 고려의 풍습이 남아있었기
에 이를 처벌하는 일은 거의 없었다. 그도 그럴 것이 전해져오는
고려 풍습을 하루아침에 법으로 다스리기란 여간 쉽지 않기 때문
이다. 또한 조정 내 왕의 세력을 뒷받침하는 권력자들의 딸들 가

운데서도 재혼을 하는 경우가 많았기 때문이다. 이와 관련된 것이 실록에도 기록돼 있는데, 그 내용을 살펴보면 다음과 같다.

《선원록(璿源錄)》* · 《종친록(宗親錄)》* · 《유부록(類附錄)》*을 만들었다. 임금이 일찍이 하윤 등과 의논하고, 이때에 이르러 이숙번 · 황희 · 이응을 불러 그들에게 비밀히 말하였다.

"이원계와 이화는 태조의 서형제(庶兄弟)이다. 만약 혼동하여 《선원록》에 올리면 후사(後嗣)는 어찌하겠는가? 마땅히 다시 족보(를 만들어 이를 기록하게 하라."

곧 3록으로 나누어 조계(祖系)를 서술한 것은 '선원(璿源)'이라 하고, '종자(宗子)'를 서술한 것은 '종친(宗親)'이라 하고, 종녀(宗女)와 서얼(庶孼)을 서술한 것은 '유부(類附)'라 하여, 하나는 왕부(王府)에 간직하고, 하나는 동궁(東宮)에 간직하게 하였다.

★ 선원록
목조 · 익조 · 도조 · 태조 등의 조상의 내계(來系)에 관한 기록을 정리한 책이다.
★ 종친록
왕실의 전범 안에 들어 있는 종실 자손에 관한 기록을 정리한 책이다.
★ 유부록
종실의 여자와 서얼 자손에 관한 기록을 정리한 책이다.

이원계와 이화는 모두 환왕(桓王) 비첩(婢妾)의 소생이었다.

이원계는 아들 넷을 낳았는데, 이양우(李良祐)·이천우(李天祐)·이조(李朝)·이백온(李伯溫)이었고, 만딸은 장담(張湛)에게 시집갔고, 둘째는 변중량(卞仲良)에게 시집갔다가 다시 유정현(柳廷顯)에게 시집갔고, 막내는 홍노(洪魯)에게 시집갔다가 다시 변처후(邊處厚)에게로 시집갔다.

이화는 아들 일곱을 낳았는데, 이지숭(李之崇)·이숙(李淑)·이징(李澄)·이담(李湛)·이교(李皎)·이회(李淮)·이점(李漸) 등이었고, 1녀는 고려(高麗) 종실(宗室) 왕 아무[王某]에게 시집갔다가 다시 최주(崔宙)에게 시집을 갔다.

- 1405년(태종 10) 8월 23일 《태종실록》 -

기록에 따르면, 이원계와 이화는 모두 환왕(桓王) 비첩(婢妾)의 소생이었다고 한다. 그런데 이원계와 이화의 딸들 가운데 두 번 시집을 간, 다시 말해서 재혼을 한 이들이 있었다고 한다. 물론 재혼한 여성들의 구체적인 이름은 알려진 바 없지만, 이를 통해 조선 초기의 결혼 풍속에는 재혼이 행해졌음을 잘 알 수 있다.

이처럼 조선 초기에는 양반집 여성이 두세 번 결혼하는 것은 드물지 않은 일이었던 셈이다. 그러나 앞서 말했다시피 조선 초기는 새 왕조의 통치 이데올로기인 유교적 윤리가 강요되던 시대였기에, 여성의 재가가 행해짐과 동시에 조선 초기 여성의 재가에 관하여 엄격한 잣대를 들이대기 시작하였다. 그도 그럴 것이 어디까지나 유교의 법도로 볼 때 남편의 3년 상이 끝나지 않은 상황에서 여자가 시집을 가는 것도 하나의 이혼사유였기 때문이다. 이에 관련된 사례가 실록 기록에도 남아 있는데, 그 내용은 다음과 같다.

> 사헌부에서 강거신의 처 목씨의 죄를 청하였다. 상소는 이러하였다. "거신이 베임을 당하였사온데, 그 아내 목씨(睦氏)가 3년 안에 상호군 김만수에게 재가하였사오니, 그의 오라비 호군 목인해가 중매한 것입니다. 목씨와 만수·인해 등은 예절을 돌보지 않고 인륜을 파괴하고 어지럽혔사오니, 청컨대, 모두 죄를 논하소서." 임금이 다만 목씨를 이혼시켜 그의 고향으로 돌아가게 하고, 만수와 인해는 논하지 말게 하였다.
> – 1504년(태종 5) 11월 9일《태종실록》 –

위의 내용과 같이 태종대에 사헌부에서 강거신의 처 목씨가 재혼한 죄를 청하였다. 그러나 태종은 목 씨를 처벌하지 않았다. 그 대신에 김만수와 이혼을 시키고 고향으로 돌려보냈다. 태종은 왜 그런 결정을 내렸을까. 사실 따지고 보면, 고려시대에서부터 쭉 내려오던 여성의 재가를 나라에서 통제하기란 쉬운 일이 아니었

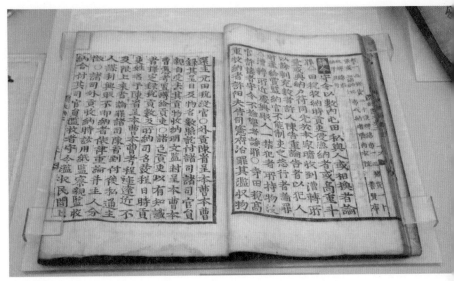

경국대전

다. 게다가 여성의 개인 선택으로 자유롭게 행해지던 재혼풍습에
유교적 잣대를 들이대기란 만만치 않았기 때문이다. 그러나 유교
를 국시로 삼은 조선에서는 두 남편을 섬기는 여성을 곱게 놓아
둘 리가 만무할 터. 사헌부에 재혼한 여성의 죗값을 물었으나 이
도 통하지 않자 이를 막기 위해 제도를 만들기 시작하였다.

　이런 상황은 조선 중기로 넘어가는 성종 때 『경국대전』이 완성
되면서 서서히 변화기 시작한다. 『경국대전』은 유교의 이상을 현
실에 실현하기 위해서 만든 것으로, 조선왕조 통치의 기틀이 된
기본 법전이다. 즉 『경국대전』은 조선 건국 전후부터 성종 15년

에 이르기까지 약 100년간 왕명, 교지, 조례 중 지속적으로 준수할 것을 모아 엮은 법전이라고 할 수 있겠다.

바로 이때 과부의 재혼이 금지 된다. 물론 재혼은 되지만 그 자손의 벼슬이 신라의 육두품처럼 제한되는 등 후손에게 최악의 영향을 주었다. 이러한 법률을 만들 때 신하들조차도 반대했지만 태종 이방원이 서자차별과 정처와 처첩사이의 차별을 주장한 것과, 성종 때 대거 진출한 사림파의 영향으로 통과되고 만다. 그것이 바로 1485년(성종 16) 조선에서 발표한 '재가녀자손금고법'이다. 조선의 기본 법전인 『경국대전』 가운데 과거와 가족사항 등을 담고 있는 예전(禮典)과 제과(制科) 조에는 이 법에 대한 설명이 나와 있는데, 그 내용은 다음과 같다.

> '관리로 영구히 임용할 수 없는 죄를 범한 자와 장리(뇌물을 받은 관리)의 아들, 재혼한 자와 실행(간음)한 부녀의 아들과 손자, 서얼의 자손은 문과와 생원 · 진사시에 응시할 수 없다.'

어머니가 재혼하면 그 자식은 과거시험 자체를 볼 수 없다는 뜻인데, 이 법의 제정으로 인해 조선 내 재혼풍습이 사라졌다. 재혼을 하려던 여성들은 자식 때문에 주저하게 된 것이다. 설사 재혼을 결심한다 하더라도 가문에서 이를 받아들이지 않았다. 과거를 통한 출세를 하는 게 인생의 과제였던 당시 양반들에게 여성

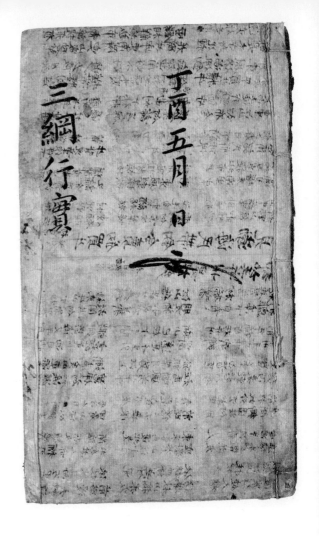

삼강행실도 | 1434년(세종 16) 직제학(直提學) 설순(偰循) 등이 왕명을 받고 만들었다. 우리나라와 중국 서적에서 임금과 신하, 부모와 자식, 남편과 아내의 세 가지 도리에 모범이 될 만한 충신 · 효자 · 열녀의 이야기를 모아서 정리한 책으로 백성들을 위한 윤리 교과서 중 가장 먼저 발간되었다.

(출처 : 국립중앙박물관)

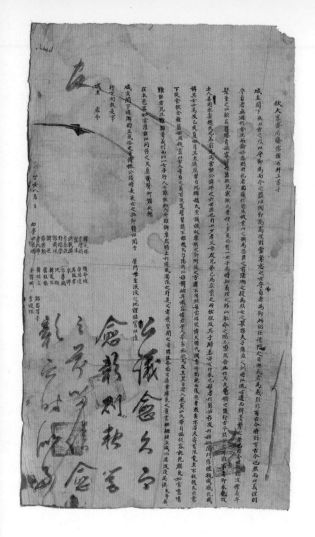

열녀 표창을 요청하는 문서 | 선비 강주영(姜周永)의 부인 조씨(趙氏)의 순절을
표창해달라고 요청하는 내용의 민원문서로 한 고을에 사는 유생 23명이 관부에 올린 것이다.
남편이 사망하면 부인이 재가하지 않는 것은 당연한 일이며,
적어도 남편을 따라 죽어야 열녀라 할 만하다는 당시 시대의 사고방식이 적나라하게 드러나 있다.
(출처 : 국립중앙박물관)

에게 재혼을 허락한다면, 가문의 몰락을 뜻하는 것이나 매한가지였다. 따라서 조선 후기부터는 재혼녀가 사라지고 그 자리에 '열녀'가 대신했다.

그러니까 열녀라는 자체가 개인의 선택이라고 보기 보다는 국가에서 정책이 반영된 하나의 결과였다. 그렇게 여성의 재혼은 금기시 됐고, 조선에서는 열녀에 대해서는 적극적으로 포상을 하는 데 앞장섰다. 우리의 어머니, 우리의 딸들이 개인의 행복을 위한 선택을 자발적으로 할 수 없게 했기에, 국가의 법령으로 국민의 삶이 송두리째 바뀐 것이나 마찬가지였다.

전략적으로 만들어진 결과물인 열녀. 어쩌면 조선시대 열녀로 이름이 올려진 여성 함양 박씨도 당시 받은 열녀문을 반환하고 자유롭게 살기를 원한 건 아니었을까. 조선의 제9대 임금이 만든 재혼금지법으로 여성의 재가를 나라에서 금지했으므로 어쩔 수 없이 재가를 포기한 건 아니었을까.

게다가 부인을 잃은 남자들에게는 3년 뒤에 재혼을 허했으면서 여성의 재가를 금지하고, 이를 어기고 재가한 여성이 있다면, 그 여성의 자녀는 벼슬에 나갈 수 있는 길을 막아 여성들의 재가를 원천적으로 봉쇄했다는 사실은 당시 여성들이 당해야만 했던 차별들을 면밀하게 보여준다. 열녀 역시 여성 개인의 뜻이기 보다는 가문의 명예를 위해 어쩔 수 없이, 강제로 행해졌다고 해도 과언이 아니다.

"성종 때 발표한 일명 재혼금지법은 오늘 날 여성의 재혼을 터
부시하는 우리 사회의 단면으로 이어지기도 했다."

그래도 이때까지만 해도 친정살이는 여전히 가능했다. 대표적인 예가 사임당 신씨다. 학문과 그림에 뛰어났던 그녀는 남편 이원수와 함께 친정에서 생활했었다. 외가는 강릉 오죽헌으로, 바로 이곳에서 율곡 이이도 태어나고 자랐다. 지금까지 고려시대부터 조선시대 초기까지 남녀의 지위와 혼인풍습에 대해 살펴봤는데, 다음으로 는 여성의 상속권을 중심으로 조선 초기 재산상속 풍경에 대해 살펴보고자 한다.

조선시대
재산상속 풍경

조선 초기만 하더라도 유산상속에 있어서 성별의 차별은 없었다. 놀랍게도 그 시절에는 그러했다. 적서의 차별은 있었지만, 성별이나 외손, 친손의 차별은 없었다. 그렇다면 왜 조선 초기의 재산상속 풍경은 그러하였을까. 많은 역사학자들이 말하기를, 이는 무엇보다 형제간의 화목을 위한 전제였다고 강조한다. 이런 전통의 풍경은 일종의 재산상속문서인 '분재기'의 두루마리 속을 살펴보면 짐작할 수 있다.

분재기란 재산을 분배한 내용을 기록한 문서인데, 이 '분재기'에는 혼인한 딸에게도 장자와 똑같이, 어미 잃은 외손에게도 장손과 똑같이 재산을 나눠주던 옛 선인들의 정신이 담겨 있다. 이러한 조선시대 균분상속은 나라에서도 법제나 정책을 통해서도 적극 보호되었다. 조선시대의 기본 법적인『경국대전』의 상속 규정을 살펴보면, 매우 상세한 부분에 이르기까지 남녀차별이 없는 '자녀균분제'를 규정하고 있다.

> *"조선시대 초기에는 재산상속문서가 있었다. 그것이 바로 분재기(分財記). 분재기의 분은 나눌 분(分)이다. 분재기(分財記)란 재산을 분배할 때 작성한 문서를 말한다. 이것은 부모의 재산을 남녀차별 없이 자식들에게 나눠준다는 것을 보여준다. 동시에 조선 전기 여성들도 남성들과 동등하게 재산상속을 받았던 사실을 알 수 있다."*

한편 사임당 신씨가 태어나고 자란 강원도 강릉시 죽헌동에 있는 오죽헌에는 재산의 상속과 분배를 기록한 문서인 분재기가 존재한다. 그것이 바로 〈이씨분재기(李氏分財記)〉다. 사임당의 모친 용인이씨는 아버지 생원 이사온과 어머니 최씨 사이에 태어난 무남독녀였는데, 생전에 다섯 명의 딸들에게 시가와 친정으로부터 물려받은 재산을 분배하기 위해서 작성한 문서다.

일반적으로 재산상속 문서는 크게 화회문기와 허여문기로 구분하는데, 화회문기는 재주(財主)*가 사망한 후에 상속자들이 모

★ 재주(財主)
재물의 주인을 말한다.

이씨분재기
(강원도유형문화재 제9호, 오죽헌 · 시립박물관)

여 의논해 분배한 것을 말한다. 반면 허여문기는 재주가 살아 있을 때 유언 등으로 상속분을 정해 자식들에게 분배한 것을 뜻한다. 〈이씨분재기〉는 재주인 용인 이씨가 살아있을 때 작성된 것이므로 허여문기에 속한다.

이씨분재기의 구성과 형태를 살펴보면 우선 분배내용이 먼저 나오고 재주인 용인이씨를 비롯한 다섯 명의 서명으로 이루어져 있다. 가로 240cm, 세로 28cm의 긴 한지두루마리로 되어 있다. 그 내용을 구체적으로 살펴보면 토지와 노비를 분배하는 내용이 적혀 있다. 다시 말해서 첫째 사위인 수양부위 장인우, 둘째 사위인 이원수(사임당의 남편), 셋째 사위인 성균생원 홍호, 넷째 사위인 유학 권화, 다섯째 사위인 유학 이주남에게 토지와 노비(奴婢)를 분배해 주는 내용이 차례대로 실려 있다. 끝부분에는 외손 율곡 이이에게 봉사조(奉祀條)로, 외손 권처균(權處均)에게는 배묘조(拜墓條)로 전답과 와가 한 동을 별도로 지급한 내용이 기록되어 있는데 그것을 살펴보면 다음과 같다.

> 사임당의 모친 용인 이씨는 시댁과 친정에서 상속 받은 재산을 다섯 딸에게 골고루 분배하고 외손 현룡(이이)에게는 봉사조로, 운흥(권처균)에게는 배묘조로 전답과 와가 한 동을 별도로 분급하였다.

또한 〈이씨분재기〉는 조선초기의 대표적인 민가건축물인 오죽헌이 용인 이씨에게서 외손인 권처균에게 상속되었음을이 명기된 문헌자료다. 나아가 오늘날 오죽헌이라는 옥호가 집주인인 권처균의 호에서 비롯되었다는 사실관계를 입증하기도 한다. 이 문기가 작성된 정확한 연도는 알 수 없으나 1541년에 출생한 외손

운홍에게 배묘조로 재산을 상속한 점과 1561년에 졸한 이난수의 이름과 수결이 사용된 점으로 미루어 1541년에서 1561년 사이에 작성된 것으로 추정된다.

이처럼 〈이씨분재기〉를 통해 우리는 조선시대 초기, 재산상속이 균등분배를 원칙으로 하고 있음을 알 수 있다. 뿐만 아니라 배묘, 봉사를 담당하는 후손에게 일정한 몫의 재산을 따로 분배하고 있어 배묘 · 봉사와 상속관계도 알려주는 문서이기도 하다. 한편, 표기방법에서 이두방식(吏讀方式)을 사용하고 있는데, 많은 역사학자들이 이것이야말로 재산상의 문서나 법률서에는 이두로 현토(懸吐)*했던 당시의 관례를 보여주는 것이라고 강조한다. 나아가 조선시대 재산분배에 대한 원칙과 상속대상 등을 파악하는 데 있어서 매우 중요한 자료로 평가된다. 이러한 상황은 조선 후기로 넘어가는 임진왜란과 병자호란으로 전혀 다른 모습으로 변화한다.

> *"조선 후기, 친정살이도 재산의 분배도 없던 시대가 시작된다. 그야말로 여성들이 지위가 바닥으로 떨어진 것이다."*

★ 현토(懸吐)★ ─────────────────────────────
한문을 정확하게 읽을 수 있도록 토를 달아주는 것을 말한다.

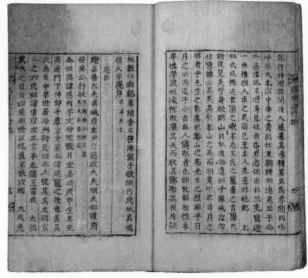

삼세오충행장 | 임진왜란이 발생했을 때 나라를 위해 목숨을 바친
오희 외 4명의 충렬을 모아 기록한 서적이다.

　다시 말해서, 더 이상 친정살이도, 재산의 분배도 없고, 이혼이
나 남편의 죽음은 곧 같이 죽는 것인 전보다 훨씬 강력한 의미(?)
의 '열녀'로 변하게 된 것이다. 대표적 여성이 허난설헌이라고 할
수 있겠다. 사임당과 불과 50여년 정도 차이지만, 허난설헌은 남
편보다 문장을 잘 짓는 이유만으로 구박을 받았다. 또한 친정은
커녕 시집에서 살아야 하고, 남편이 구박과 바람을 피어도 아무
소리 못하다가 결국 그에 대한 스트레스로 사망하게 된다.

　이러한 상황은 임진왜란과 병자호란으로 말미암아 신분질서

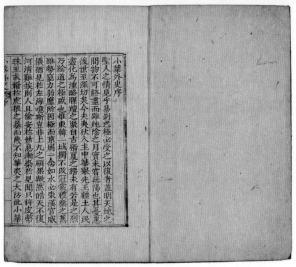

소화외사 | 임진왜란과 병자호란 당시 조선의 외교관계에 대한 주요 기록을 모은 책이다.
조선 후기 학자 오경원이 집필을 담당했으며, 원래는 1830년에 처음 간행되었던 것을
1868년(고종 5)에 다시 간행한 것이다. 명나라와의 관계에 대한 내용으로
사신 파견을 비롯해 임진왜란 · 병자호란 때 외교관계에 대한 기록이 자세하게 남아 있다.
(출처 : 국립중앙박물관)

청허당 휴정대사
임진왜란의 3대 의승장 중 한 사람인
청허당 휴정(休淨, 1520~1604)대사의 진영이다.
그림 속 휴정대사는 용감한 승장의 면모보다는
손에 불자를 쥐고 의자에 앉은
정적인 모습을 표현한 것이 특징이다.
(출처 국립중앙박물관)

의 큰 혼란으로 이어졌고, 어이없게도 병자호란으로 끌려가 돌아온 조선 여자들에게 입에 담기도 힘든 말로 핍박해 자살로 내몰기도 했다. 그야말로 사회적 타살이나 매한가지였다. 나아가 재혼은 곧 죽음이고, 재혼할 경우 가문에서 내쫓김은 물로 재산권까지 상실하게 됐다. 친정살이도, 재산의 분배도 없던 시대가 바로 조선 후기다. 나아가 가부장제도가 확립되면서 조선 땅에서 여성들은 한층 강화된 법적인 제재까지 받게 된다. 그것이 바로 칠거지악이다. 그 내용을 살펴보면 다음과 같다.

〈칠거지악〉

① 시부모에게 순종하지 않는 여자

② 아들을 못 낳는 여자

③ 행실이 문란한 여자

④ 질투하는 여자

⑤ 나쁜 질병이 있는 여자

⑥ 말이 많은 여자

⑦ 도벽이 있는 여자

또한 전통사회에서 여성의 예속적인 지위와 구실을 표시한 규범인 '삼종지도'를 따르게끔 하였다. 삼종지도란, 여자가 따라야 할 세 가지 도리를 말한다. 구체적으로 말하자면 여자는 어려서 어버이께 순종하고, 시집가서는 남편에게 순종하고, 남편이 죽은 뒤에는 아들을 따르는 도리를 뜻한다. 이처럼 유교적 계급관념은 가족관계에 여실히 적용되면서 가장이라는 지위는 가족 내 절대적인 권력자나 마찬가지였다.

따라서 조선 후기, 여성은 어린 시절에는 부모에게 순종하고, 출가해서는 친정으로부터 외인(外人) 취급을 당함과 동시에 그 지위는 남편에게 전적으로 예속된 것이었다. 이러한 삼종지도는 조선 후기, 여성의 생애를 지배하는 근본관념이라고 할 수 있겠다. 뿐만 아니라, 전통여성의 지위를 규제하였다. 그 대표적인 세

가지가 아래와 같다.

> 첫째, 남자와 여자 사이에 내외(內外)의 구별을 두었다.
> 둘째, 여자는 모든 사회적인 일에 참여할 수 없게 하였고, 배움
> 역시 마찬가지였다.
> 셋째, 여자는 집안에서 가사노역 및 섬기는 본분을 수행하게 하
> 였다.

이처럼 조선 후기의 여성의 지위는 조선 초기와 확연히 달랐
다. 조선 초기만 하더라도 국가 질서를 정비하던 조선 초기에는
성리학이 완전하게 정착되지 못했기에 고려시대 풍습이 남아 내
려올 수 있었다. 따라서 여성들의 이혼과 재혼도 일반적인 풍습
중 하나였고 지위 역시 높았다.

그러나 성종 때 발표한 일명 재혼금지법이 공표됨을 시발점
으로 해, 조선 후기로 이어지면서 여성들의 지위는 곤두박질치
기 시작하였다. 그리고 오늘 날까지도 여성의 재혼을 터부시하
는 우리 사회의 단면으로까지 이어졌다는 것은 틀림없는 사실이
다. 시대와 여성의 지위에 대한 원론적인 얘기는 여기까지 하기
로 하고, 다음 장에서는 본격적으로 사임당의 생애에 대해 살펴
보겠다.

1965년 강릉 선교장,
민속문화재 5호로 지정되다!

강릉은 우리 문화재가 잘 보존된 도시 중 하나입니다. 그곳에는 조선시대의 전형적인 상류주택이자 민속문화재 5호로 지정된 '선교장'이 있습니다. 300년이 지난 지금까지도 깨끗하게 잘 보존돼 있는 선교장은 우리나라에서 궁궐이나 공공건물이 아닌 최초로 민간주택으로 국가지정문화재가 된 것으로 효령대군의 11대손인 이내번이 1703년에 건립했습니다. 집 앞이 경포호수였으므로 배로 다리를 만들어 호수를 건너다녔다 하여 선교장이라 붙인 것으로 전해지고 있습니다. 선교장은 대궐 밖조선 제일 큰집으로서 안채, 열화당, 행랑채, 동별당, 서별당, 활래정 외부속건물로 이루어져 있고, 10대에 300여 년이 지난 현재까지 그 후손들이 거주하며 조선시대 사대부가의 명성과 전통을 이어가고 있습니다. 20세기 한국 최고의 전통가옥으로 선정된 바 있는 강릉 선교장은 속칭 99칸 저택으로 통하고 있으며, 그 명성에 걸맞게 한옥이 너무나도 정리정돈이 잘 돼 있다. 선교장 근처에는 교육관이 하나 있습니다. 2002년

강릉시 선교장
(강릉시 운정길 63 소재)

문화체육관광부의 고택관광자원화 정책에 따라 강릉선교장 한국전통문화체험관 조성사업의 일환으로 건축되었으며 각종 공연, 강연 등 120명을 수용할 수 있는 규모로 한옥숙박체험단체와 문화예술단체 사용자에게 무상으로 대여하고 있습니다.

제2장

사임당, 뜻을 세우다

신명화와
용인 이씨 사이에서
태어나다

  사임당 신씨(師任當 申氏)는 1504년 음력 10월 29일에 강릉 북
평촌에서 태어났다. 부친 신명화와 모친 이씨 부인 사이에는 다
섯 딸이 있었는데 그 중 둘째였다. 본관은 평산(平山), 본명은 신
인선(申仁善)으로, 사임당은 당호(堂號)이다. 어려서부터 글쓰기와
그림에 능했던 것으로 전해지는 사임당은 널리 알려졌다시피 조
선 중기의 성리학자이자 정치가인 율곡 이이와 화가 이매창의 어
머니이기도 하다. 덧붙여 오늘 날 조선 중기를 대표하는 문인이
자 작가, 시인이기도 하다. 이에 조선 중기의 학자 어숙권은 자신
의 수필집 『패관잡기(稗官雜記)』를 통해 사임당을 안견* 다음으로

★ 안견 —————————————————————————
〈몽유도원도〉를 그린 조선 초기 대표적 화가로 세종 대부터 세조 때까지 활동
하였다.

뛰어난 산수화가로 평하기도 하였다. 그 내용을 찾아보면 다음과
같다.

> 사임당은 어려서부터 그림을 공부했는데 포도와 산수그림은 절
> 묘하여 평하는 사람들이 세종 때 유명한 안견이란 화가에 버금
> 간다고 한다. 어찌 부녀자의 그림이라 해서 가볍게 여길 것이며,
> 또 어찌 부녀자에게 합당한 일이 아니라고 나무랄 수 있겠는가?

심지어 숙종은 사임당의 〈초충도〉 병풍을 모사하여서 궁중에
보관하도록 명했던 얘기도 전해지고 있다. 전해져오는 이야기에
따르면, 숙종은 경은부원군 김주신*의 집에 있던 사임당의 〈초충
도〉를 보고 똑같이 그리게 한 후, 그 그림으로 병풍을 만들고 시
를 지어 원본과 함께 되돌려 보냈다고 한다. 당시 숙종이 보았던
초충도는 무골법으로 그려진 채색그림으로 보이며 이에 관한 내
용은 살펴보면 다음과 같다.

> 풀이랑 벌레랑 실물과 똑같구나. 부인의 솜씨인데 이같이 묘하
> 다니. 하나 더 모사하여 대궐 안에 병풍을 쳤네. 아깝구나, 빠진

★ 김주신

숙종의 장인이다.

한 폭 다시 하나 그릴 수밖에. 채색만을 썼는데도 한층 아름다워. 그 무슨 법이런가 무골법이 이것일세.

사임당의 면면이 잘 드러난 기록들이다. 이 외에도 많은 기록이 사임당에 대해 말해주고 있다. 특히 사임당의 셋째 아들인 율곡 이이가 남긴 기록을 살펴보면, 사임당에 생애에 한 걸음 더 가까이 가는 데 도움이 될 것이다. 그것은 다름 아닌 율곡 이이가 쓴 「선비행장(先妣行狀)」*인데, 이것은 그 어떤 사료보다도 사임당의 면면이 가장 잘 드러난 기록이라 할 수 있다. 율곡 이이가 자신의 모친인 사임당에 대해 기록한 부분을 살펴보면 그 내용은 다음과 같다.

나의 어머니는 진사 신공의 둘째 따님이시다. 유년 시절부터 경전에 통달하고 글을 잘 지었다. 글씨와 그림에 뛰어났고, 또 바느질에 능해서 수놓은 것까지도 정묘하지 않은 것이 없었다.

…(중략)…

★ 선비행장(先妣行狀)
율곡 이이가 열여섯 살에 세상을 떠난 어머니 사임당을 기리기 위해 그녀의 행적을 적은 글이다.

평소에 그림 솜씨가 비범하여 일곱 살 때부터 안견의 그림을 모방하여 산수화를 그렸으며 또 포도를 그렸으니 세상에서 견줄 만한 이가 없었다. 그 그림을 모사한 병풍과 족자가 세상에 많이 전한다.

위 기록을 통해 사임당에 관한 몇 가지 추측이 가능하다. 첫째로 사임당은 어린 시절부터 시와 그림 그리고 글씨에 능통했던 다재한 인물이었을 것이며, 둘째로 이것은 누군가에게 정식으로 배운 것이 아닌, 독학으로 이루어냈음을 알 수 있다.

사회활동이 자유롭지 못했던 당시 사임당은 어떤 경로 혹은 과정을 통해 맨 처음 시를 지었고 글씨를 썼으며 그림을 그리기 시작하였을까. 다시 말해서, 사임당에게 길잡이 역할을 한 인물은 누구였을까. 스승은 없을지언정 필히 안내자가 존재했을 터. 여성인 사임당이 시와 글씨, 그림뿐만 아니라 성리학적 지식과 도학, 고전, 역사 지식 등에 해박한 데에는 조력자가 없었을 리 만무하다. 아마도 사임당의 경우, 그 조력자라 함은 '가족'이었을 것이다. 구체적으로 말해서 사임당의 부모가 외조부모와 함께 살았던 그 시기, 사임당은 아버지와 어머니를 비롯하여 외조부모로부터 큰 영향을 받았을 것으로 보인다.

"사임당으로 하여금 절묘한 경지의 예술세계에 머물게 한 가장

중요한 동기는 무엇일까? 십중팔구 '환경'이라고 할 수 있겠다. "

그렇다면 사임당의 부모와 외조부모는 어떤 인물이었는지 알아보자. 사료에 의하면 사임당의 부친은 신명화라는 이름의 선비였고, 모친은 용인 이씨 집안의 선비인 이사온의 딸이었다. 신명화와 용인 이씨 사이에는 딸만 다섯이었는데, 그 중에서 둘째 딸이 바로 신인선, 즉 사임당이었다.

사임당의 부친 신명화는 조선 중기 때 문신으로 1476년(성종 7)에 태어났다. 신명화는 고려 때 공신 신숭겸의 후손으로, 할아버지는 신자승, 아버지는 신숙권이었다. 뼈대 깊은 양반 가문 출신인 것이다. 영월군수인 부친 신숙권의 영향으로 신명화는 어린 시절부터 글 읽기에 관심이 지대하였을 것이다. 하지만 신명화는 몇 차례 과거시험에 응시하였으나 안타깝게도 계속 낙방하였던 것으로 전해진다.

그러다가 신명화는 1516년(중종 11) 한양에서 소과에 합격해 진사(進士)가 되었는데, 사료에 의하면 그때 그의 나이 41세였다고 한다. 기나긴 노력 끝에 학문에 매진해, 노력의 결실을 이룬 신명화에게 이제는 벼슬길로 발을 내딛는 일만 남았을 터. 허나 신명화는 어찌된 일인지, 입신양명의 꿈을 접고 처가인 강릉과 한양을 오고가며 살다가 이 후 아예 처가가 있는 강릉으로 내려와 살았다고 한다.

이와 관련해 율곡 이이는 외조부 신명화가 강릉과 서울을 오 갔다고 기록했다. 그렇다면 신명화는 왜 과거에 합격한 후 현량 과로 천거되었으나 이를 거절하고 처가로 내려가서 살았던 것일 까? 이를 알기 위해서는 신명화가 살았던 당시 시대상에 주목해 야 한다.

"사임당의 부친 신명화. 그는 1516년(중종 11) 한양에서 소과에 합격해 진사가 된다. 그러나 어찌된 일인지 그는 벼슬길로 나아 가지 않고 관직을 접는다."

우선 신명화가 가장 아꼈던 둘째 딸, 사임당이 태어난 해에 일 어난 사건을 보면 어느 정도 이해가 간다. 1504년(연산군 10) 때 신진사류에 대한 참혹한 박해가 일어났다. 생모 윤씨가 폐위되 어 사약을 받고 죽은 일을 알게 된 연산군이 이를 빌미로 윤씨의 폐비 사건을 방조 혹은 찬성하였던 인물을 모조리 잡아들였던 것이다. 추측컨대 신명화는 이런 상황을 지켜보고 훗날 벼슬길 에 연연하는 것보다는 학문의 길을 계속 가되, 그 중심에서는 차 라리 한 발짝 뒤로 물러나 있는 것도 나쁘지 않다고 다짐했을 수 도 있다.

또한 신명화가 소과에 합격했을 당시 비록 연산군의 폭정에 마 침표가 찍혔지만, 그렇다 한들 호시절은 아니었다. 바로 1519년

(중종 14) 기묘사화(己卯士禍)＊가 일어났기 때문인데 아마도 사임당의 부친 신명화에게 이 사건이 관직을 접는 데 결정적인 계기가 됐을지도 모른다. 그도 그럴 것이, 신명화가 소과에 합격했던 당시는 연산군의 이복 동생인 진성대군(중종, 1488~1544)이 세자 교육 한 번 받지 못하고, 왕위에 오른 상태에서 여전히 공신세력의 눈치를 보고 있을 때였다. 이런 상황에서 조광조가 등용돼 급진적 개혁 정치를 주장하였고, 당시 신명화와 그의 사촌동생 신명인 등도 이들 신진 사류와 교류를 하며 상당한 친목을 다지기도 하였다.

특히 사촌동생 신명인은 그러한 과정을 거쳐 신진 사류의 주요 인물이 되기도 하였다. 그러다가 1519년(중종 14) 기묘사화가 일어났던 그날, 신명인은 비롯하여 유생들이 대전 뜰에 엎드려 울부짖으며 중종에게 간하는 상소를 올렸는데, 그때 신명화도 친구 유생들 틈에 같이 있었다. 이를 계기로 신명화는 붙잡혀 나흘 동안이나 옥고를 치르는 일도 있었다. 이와 관련된 실록의 기록을 살펴보면 다음과 같다. 먼저 기묘사화에 관한 내용이다.

승지 윤자임 공서린 · 주서 안정 · 검열 이구 등이 허둥지둥 나

★ 기묘사화

일명 조광조 등과 같은 신진 사류에 대한 숙청사건이다.

가 보니, 연추문(延秋門)*이 이미 활짝 열리고 문졸들이 정돈해 서 있었고, 근정전(勤政殿)으로 향해 들어가며 바라보니 청의의 군졸들이 전폐 아래에 좌우로 옹립하여 있었다. 윤자임 등이 밀 어제치고 들어가 곧바로 경연청으로 가니 합문의 안팎에 다 등 불을 벌여 밝혔고, 합문 밖에는 병조 판서 이장곤 · 판중추부사 김전 · 호조 판서 고형산 · 화천군 심정 · 병조 참지 성운이 앉아 있었다. 윤자임이 크게 외쳐 말하기를, "공들은 어찌하여 여기 에 오셨습니까?"하니, 이장곤 등이 답하기를, "대내에서 표신(標 信)*으로 부르셨기 때문에 왔소." 하였다.【《정원일기(政院日記)》 에는 "임금이 편전에서 홍경주 · 남곤 · 김전 · 정광필을 비밀히 불렀고 이장곤 · 안당(安瑭)은 뒤에 있는데, 조광조 등을 조옥(詔 獄)*에 내릴 것을 의논하였다." 하였다.】

윤자임이 말하기를, "어찌 정원을 거치지 않고서 표신을 냈는 가?"하고, 곧 승전색에게 청하여 입계하고자 하니, 승전색 신순

★ 연추문
경복궁의 서문을 말한다.
★ 표신
궁문의 개폐, 야간의 통행이 금지된 시간 중의 통행 허가를 비롯하여 군국의 긴 급할 일에 관한 지시, 관원 · 군사 등의 징소 등의 증명으로 쓰는 표를 말한다.
★ 조옥
의금부의 옥을 의미한다.

강이 곧 나와서 성운을 불러 말하기를, "당신이 승지가 되었으니 곧 들어가 전교를 들으시오."하니, 윤자임이 외치기를, "이것이 무슨 일인가?" 하였으나, 성운이 곧 일어나 들어가려 하니, 윤자임이 성운에게 외치기를, "승지가 되었더라도 어찌 사관(史官)이 없이 입대(入對)할 수 있겠소?" 하고, 주서 안정을 시켜 성운을 말리게 하였다.

심정이 말하기를, "급한 일이 있더라도 사관은 참여하지 않을 수 없소." 하고, 드디어 성운의 띠를 잡고 함께 들어가려 하였으나, 성운이 심정의 팔을 치고 안으로 들어가니, 문을 지키는 5~6인이 심정을 밀어냈다. 얼마 안 지나서 성운이 도로 나와 종이 쪽지를 내보이며 말하기를, "이 사람들을 다 의금부에 내리라." 하였는데,

거기에 적힌 것은 승정원에 직숙하던 승지 윤자임 공서린 · 주서 안정 · 한림(翰林)★ 이구 및 홍문관에 직숙하던 응교 기준 · 부수찬 심달원이었다. 윤자임 등이 다 옥에 갇히고, 또 금부★에 명하여 우참찬 이자 · 형조 판서 김정 · 대사헌 조광조 · 부제학

★ 한림
예문관 검열의 별칭이다.
★ 금부
의금부의 약칭이다.

김구·대사성 김식·도승지 유인숙·좌부승지 박세희·우부승
지 홍언필·동부승지 박훈을 잡아 가두게 하였다.
- 1519년(중종 14) 11월 15일《중종실록》-

위 기록에 따르면 조광조를 비롯하여 윤자임, 이자, 김정 등의
신진 사류의 멤버들이 조광조 등을 옥에 갇혔다. 그리고 다음 날,
신명인을 비롯한 유생들이 중종에게 간하는 상소를 올린 일도 실
록에 상세하게 기록돼 있다. 앞서 말했다시피 이때 사임당의 부
친 신명화도 친구 유생들 틈에 같이 있다가 잡혀가는 일이 발생
한다. 다음은 유생 상소에 관한 내용이다.

성균관(成均館)*의 유생 이약수 등 1백 50여 인이 궐하에서 상
소하고 궐문을 밀고 난입하여 곧바로 합문밖에 가서 통곡하니,
곡성이 궐정에 진동하였다. 승지 성운이 봉장을 가지고 들어가
아뢰니, 임금이 이르기를, "저 곡하는 자가 누군가?"하매, 성운
이 아뢰기를, "성균관의 유생들이 봉장하고 복합하여 통곡합니
다."하고 난입한 일을 아뢰니, 임금이 이르기를, "상소는 오히려
할 수 있으나, 어찌 난입하여 통곡할 수 있는가? 유자의 사체가

★ 성균관
조선시대에 인재를 양성하기 위해 설치한 유학교육 기관이다.

이러한가? 이제 곡성을 들으니 매우 놀랍다. 괴수 5~6인을 곧
의금부에 내려서 가두라."하였다.

임금이 소(疏)*를 다 보고 나서 이르기를, "소의 뜻은 잘못이다.
조정이 다 죄주기를 청하였는데 어찌 참소하는 사람이 끼여든
것이겠는가?"하고, 이어서 대신에게 묻기를, "오늘 유생들이 궐
정에 난입하여 통곡한 것이 옳은가? 낱낱이 죄를 다스릴 수는
없겠으나, 그 중에서 앞장선 자 5~6인을 가두어서 죄주는 것이
어떠한가?" 하매, 대신들이 아뢰기를, "젊은 유생이 망령되게 생
각하여 이렇게 된 것이니 반드시 죄줄 것은 없습니다."하니, 임
금이 이르기를, "우선 5인을 가두라."하였다.
- 1519년(중종 14) 11월 16일《중종실록》-

이처럼 성균관의 유생 이약수 등이 조광조 등의 일로 상소하고
궐정에 난입한 일은 기록으로도 잘 나타나있다. 이때 유생들과
같이 잡혀간 사임당 부친 신명화는 이를 계기로 나흘 동안 옥고
를 치르게 된 것이다. 추측컨대 이런 상황에서 신명화는 난세에
벼슬길로 나아가는 것을 마뜩치 않게 생각했을 것이다. 이런 상

★ 소
임금에게 올리는 글을 말한다.

황이 결과적으로 신명화가 관직을 접는 선택을 하게끔 만들었을 것이다.

그러나 신명화의 선택은 어디까지 개인의 선택일 뿐, 이것이 선비로서 유약성을 의미한다고는 말할 수 없다. 오히려 신명화의 곧고 강직한 성품이 권력에 굴종하지 않겠다는 의지로 이어진 것으로 보인다. 또한 친정으로 내려가 은거하며 학문을 통해 몸과 마음을 닦았던 신명화는 자연스럽게 자녀교육에 힘쓰게 되는데, 이는 훗날 사임당 신씨의 삶에 큰 영향을 주었던 것으로 보인다.

> *"사임당 신씨의 부친 신명화는 기묘사화로 대과에 응시하는 것을 포기한다. 그리고 친정인 강릉 오죽헌으로 내려와 처가살이를 시작한다."*

이처럼 신명화는 관직을 단념하고 처가가 있는 강릉으로 내려와 이사온 내외를 모셨다. 사임당의 외조부 이사온 역시 강릉 오죽헌에서 처가살이를 했었는데, 그곳은 이사온의 장인 최응현의 집이었다. 사임당의 부친 신명화 역시 그곳에서 사위로 처가살이를 하게 된 것이었다. 신명화는 처가살이를 하면서 딸들에게도 성리학을 비롯하여 글공부, 그림을 그리는 법을 가르쳤다.

유난히 영리했던 인선을 각별히 아꼈을 것으로 봐도 무방한 신명화. 실제로 그는 사임당 신씨, 그러니까 인선은 어려서부터 기억력이 뛰어났고, 다른 자매들보다 빨리 글을 깨우쳤다고 한다. 뿐만 아니라 그림에도 남다른 소질을 보였고, 누구보다 부친 신명화가 이를 알아차렸을 것으로 생각된다.

그러나 16세기 조선, 그것도 강릉의 한 양반가에서 여자에게는 기회가 없었을 터. 시대가 그러했기에, 신명화는 영민한 둘째 딸 인선이 못내 안타까웠다. 그러나 신명화는 인선이 딸이라는 사실에 크게 얽매이지 않았던 것으로 보인다. 왜냐하면 부친 신명화가 어느 날, 한양에게 제일 유명한 화가의 그림이라며 안견의 〈산수도〉를 어린 사임당에게 선물로 주었기 때문이다. 그림을 받아든 7살 소녀 인선은 그걸 그대로 따라 그리기 시작하는데, 그것이 바로 홀로 그림을 그리게 된 계기가 되었을 것이다.

화가 안견의 그림을 본떠 그림을 그릴 정도로 놀라운 재능을 가감 없이 발휘했던 사임당. 고작 7살짜리 소녀가 그린 그림이었지만 그 실력이 대단하였다. 인선이 안견의 〈산수도〉를 모방해 그린 그림은 가족은 물론이거니와 집에 찾아온 사대부들을 놀라게 했다.

> *"세종 때 유명한 화가였던 안견이 그린 〈산수도〉. 사임당은 7살 때 이것을 모방해 주위의 극찬을 받았다."*

사임당은 어린 시절 단순히 시와 그림에만 재능이 있었던 게 아니었다. 어머니 이씨 부인을 닮아 기억력이 비상하고 총명했으며, 글 읽기에 큰 관심이 있었고, 성품 또한 사려가 깊었다. 하여 인선은 외조부 이사온으로부터는 소학, 대학, 가례에 대한 교육을 받았고, 어머니 이씨 부인에게는 〈삼강행실도〉와 〈내훈〉을 배웠다. 어린 인선은 이에 부응했고, 열심히 학문을 익혔다. 사임당의 부친과 모친 그리고 외조부는 성별의 잣대로 그녀를 대하지 않았다.

이러한 환경은 어린 시절 인선에게 큰 지지대가 돼주었고, 이를 바탕으로 유년 시절에 타고난 재능을 마음껏 펼칠 수 있었다. 그 결과 인선은 산수화와 포도, 풀, 벌레 등을 그리는 데 뛰어난 재주를 보였고, 나아가 유교와 관련된 경전을 널리 읽어 학문을 익혔다. 인선은 여성이었으나 그것이 배움을 가로막는 벽으로 작용하진 않았던 것이다.

"남존여비 시대였으나 인선은 부친과 모친 그리고 외조부로부터 학문을 배웠다. 이로 인해 성리학적 지식과 역사적 앎, 도학, 문장, 고전 등에 해박했다. 인선이 유년시절에 배웠던 학문은 훗날 부덕과 교양을 갖춘 인물이 되는 데 밑거름이 되었다."

이처럼 사임당이 대학자 율곡의 어머니에 그치지 않고, 오늘날 조선 시대를 대표하는 문인이자 서화가로 알려진 데에는 그녀의 부모님을 빼놓고 얘기할 순 없을 것이다. 여성의 사회활동이 억압받던 조선시대에서 살았던 사임당은 강릉 오죽헌에서 보낸 유년시절로 인해 마음껏 예술 혼을 꽃피울 수 있었기 때문이다. 그렇다면 부친 못지않게 자녀교육을 중시했던 사임당의 모친 이씨(李氏) 부인은 어떤 인물이었을까.

사임당의 친정어머니는 용인 이씨 집안의 선비인 이사온의 딸로, 강릉 참판이었던 최응현의 외손녀였다. 용인 이씨는 어려서부터 아버지와 외할아버지에게 학문과 글을 배워 똑똑한 여성이었던 것으로 전해진다(딸 사임당이 보낸 유년시절과 크게 다르지 않은 대목이다.). 그 후, 이씨 부인은 한성에 살고 있는 선비 신명화와 부부의 연을 맺고, 남편이 장인 이사온이 머물고 있는 강릉과 과거시험을 보러 한성을 오가며 과거시험을 보는 것을 정성껏 뒷바라지했다. 이처럼 사임당의 모친 이씨 부인은 출가 뒤에도 계속 친정 부모와 살았는데, 이로 인해 당시 보통 부녀자들이 겪는 일상에서 비교적 자유로웠던 것으로 보인다. 아마도 이런 환경 덕분에 이씨 부인은 소신껏 자녀교육을 펼칠 수 있었던 게 아닐까 싶다.

> *"사임당의 모친 이씨 부인은 출가 후에도 계속 친정부모와 함께 살았다. 이로 인해 이씨 부인은 보다 자유롭고 소신 있게 자녀교육을 펼칠 수 있었다."*

한편, 사임당 어머니 이씨는 죽은 부모에게도 효행을 다하는 등 효심이 깊었고, 죽은 남편(신명화)에게 정절을 지켰다. 사실 조선 중기까지만 해도 사대부가의 여성들이 불륜을 벌이거나 재혼을 하는 경우가 많았다. 그렇기에 일찍 과부가 된 이씨 부인은 홀로 여섯 명의 딸을 키워낸 것은 실로 대단한 것으로 존경받아 마땅한 일이었다. 이와 관련해서 사임당의 외가이자 이씨 부인의 고향 강릉에는 그 공적을 기리는 기념각이 세워졌고, 1528년(중종 23) 나라로부터 표창을 받기도 했다. 이씨 부인의 성품과 공적에 대한 부분은 실록에도 상세하게 기록돼 있는데, 그 내용을 살펴보면 다음과 같다. 함께 읽어보자.

강원도 관찰사 황효헌이 치계하였는데 그 내용은 다음과 같다. "강릉부 진사 신명화의 아내 이씨는 천성이 순수해서 학문을 대강 알았으므로 늘 『삼강행실도(三綱行實圖)』*를 외웠습니다. 그래서 어버이와 남편을 섬김에 있어 그 도리를 다했으므로 일찍부터 고장에 소문이 났었습니다.

★ 삼강행실도

세종 13년에 설순 등이 임금의 명을 받들어 삼에 모범이 될 충신, 효자, 열녀를 각각 서른다섯 명씩 뽑아 그 덕행을 찬미한 서적을 말한다.

지난 신사년*에 어미 최씨가 시병(時病)*으로 죽자 신명화가 부음을 듣고 서울에서 내려왔습니다. 그런데 그도 시병에 걸려 증세가 날로 심해져 헐떡이는 숨결이 목구멍에 걸려 여러 번 숨이 끊어졌다가 가까스로 다시 이어지곤 했습니다. 이씨는 남편이 살아나지 못할까 염려해서 밤낮으로 하늘을 우러러 기도했습니다. 그러던 어느 날 새벽 몰래 명화의 패도를 가지고 선조의 묘에 올라가 향불 피워 예배하고서 기도하기를 '첩이 남편을 따른 지 20여 년이 되었습니다. 그간 남편은 불의한 짓을 하지 않았고 첩도 남편의 뜻을 저버린 적이 없습니다.

그런데 하느님께서 어쩌면 이다지도 가혹한 죄를 내리십니까? 첩은 이미 어미를 여의었으니 우러를 데라곤 남편뿐입니다. 남편마저 첩을 버리게 된다면 첩 혼자 구차스럽게 이 세상에 살 수 있겠습니까?' 하고, 드디어 패도를 뽑아 왼손 가운데손가락을 자르니 피가 철철 흘러 흥건히 괴었습니다.

이씨는 남편이 이 사실을 알까보아 전혀 내색을 않고 있었는데,

★ 신사년
1521년으로 중종 16년을 가리킨다.
★ 시병
전염병을 뜻한다.

그날 밤 이씨의 꿈에 하늘에서 크기가 대추만한 약이 떨어졌습니다. 그랬는데 다음 날 남편의 병이 씻은 듯이 나았습니다.
- 1521년(중종 16) 7월 15일《중종실록》-

위 기록은 강원도 관찰사 황효헌이 치계하여 도내의 절의와 효행을 보고한 내용이다. 위의 내용을 바탕으로 좀 더 살을 붙여 정리하자면, 당시 이씨 부인은 모친 최씨가 세상을 떠나자 크게 슬퍼했는데, 이 소식을 듣고 신명화가 한양에서 강릉까지 무리하게 오다가 전염병에 걸렸다고 한다. 그때 신명화의 몸 상태는 피를 토할 정도로 심각했는데 결국엔 정신을 잃었다고 한다.

모친을 잃은 슬픔이 채 가시기도 전에 남편이 위독하다는 소식을 듣고 이씨 부인은 한걸음에 달려와 한걸음에 달려온 이씨 부인은 왼손 중지 두 마디를 자르며 남편의 병을 낫게 해달라고 하늘에 빌었고, 다음 날 신명화의 병이 나은 일명 감천(感天)기록인 것이다. 이를 바탕으로 우리는 사임당의 모친 이씨 부인의 됨됨이를 어느 정도 알 수 있다.

이씨 부인은 부모에게 효를 다하고, 지아비 섬김도 극진했던 것인데 이씨가 사임당과 같은 현명한 딸을 키워낸 것은 우연이 아닐 터. 다시 말해 어머니 이씨 부인의 가르침은 사임당에게 절대적인 영향을 끼쳤을 것으로 보인다. 한편, 이와 같이 부모를 섬기고 지아비를 따르는 일에 최선을 다했던 이씨에 대하여 율곡 이이는 훗날 『이씨감천기(李氏感天記)』에 기록했다. 기술된 내용을 살펴보면 다음과 같다.

이씨는 나의 외조모이시다. 부자의 사이와 부부의 관계에 있어서 힘써서 인예(仁禮)로써 행동하였으니, 참으로 이른바 부도(婦道)를 잘 실천한 분이다.

마땅히 부인들이 규범으로 삼아야 할 것이다. 부부의 정분(情分)이 두텁지 않은 것이 아니었으나 어버이를 모시기 위하여 16여 년을 떨어져 사시었고, 진사께서 질병이 나셨을 적에는 마침내 지성으로 하늘에 빌어 하늘의 뜻을 감동시켰으니, 빼어난 사람의 행실과 고인(古人)을 뛰어 넘는 절의(節義)가 아니라면 어찌 이렇게 할 수 있겠는가?

만약 사군자(士君子)에 배열되어 임금과 아비의 사이에 처하게 하였다면 충효를 갖추고서 국가를 바로 잡았을 것임을 여기서 알 수 있도다.
– 율곡 이이, 『이씨감천기』 –

여기서 율곡은 여자가 부모나 남편을 대하는 것은 남자가 임금과 부모를 대하는 것과 큰 테두리에서 봤을 때 그 이치가 같음을 이야기하고 있다. 다시 말해서 가장 중요한 것은 무엇보다도 마음가짐, 다시 말해서 자신이 처한 상황 속에서 부끄럼 없이 얼마나 최선을 다 하느냐는 것이다. 자신의 외할머니처럼 어떤 상황 속에서도 최선을 다해 성취를 이룩해냈다면, 또 다른 주어진 상황에서도 크게 다르지 않음을 말하고 있는 것이다. 때문에 율곡의 말마따나 이씨 부인이 만약 남성으로 태어났다면 여성으로 태어났을 때와 마찬가지로 최선을 다했을 것이고, 그것은 틀림없이 나라의 임금과 국가의 발전으로 이어졌을 것이다.

이 외에도 율곡 이이는 외할머니 이씨에 대하여 말은 다소 서툴렀지만, 이에 반해 행동이 재빨랐고, 모든 일에 신중하되 착한 일을 하는 데는 과단성이 있었다고 기록했다. 그리고 이와 같이 현실 상황에서 최선을 다하는 이씨의 태도는 후손에게 실천적 교훈으로 영향을 미쳤을 것이다.

즉 사임당이나 율곡과 같은 인물이 나올 수 있는 하나의 발판이 되었을 것이다. 더불어 율곡 이이는 부친에 대해서는 어떤 기록도 남기지 않았는데, 외할머니와 모친에 대해서는 상세한 기록을 남겼다. 이 대목에서 우리는 모친 사임당 신씨는 물론이거니와 남편을 일찍 여의고 오래 살았던 이씨 부인이 외손자인 율곡 이이의 정신적 버팀목이었음을 알 수 있다.

"사임당의 모친 이씨 부인은 모든 일에 신중하되 착한 일을 하

는 데는 과단성이 있었다고 한다. 이에 관한 내용은 율곡 이이가
집필한 이씨감천기(李氏感天記)에 기록돼 있다."

자식은 부모의 거울이라는 말이 있다. 지금까지 사임당의 부친 신명화와 모친 이씨 부인이 어떤 인물인지 살펴봤는데, 이를 통해서 우리는 사임당이라는 인물이 조선 시대를 대표하는 문인이자 서화가로 오늘 날까지 전해지는 이유를 조금이나마 알 수 있었을 것이다.

더불어 사임당으로 하여금 자기본연의 절묘한 경지의 예술세계에 머물게 한 중요한 동기 중 하나가 부모가 만들어준 환경이었음을 알 수 있다. 사임당의 부모는 가부장적인 유교사회의 전형적인 인물과는 거리가 다소 멀었으며, 이는 훗날 사임당으로 하여금 여성이라는 한계를 벗어나 자신만의 예술세계를 구축하는 데 굉장한 영향을 주었을 것으로 보인다.

그럼 지금부터 사임당이라는 인물이 태어났던 그때 그 시절로 돌아가 보자. 사임당은 1504년 10월 29일 강원도 강릉부 죽헌리 북평촌에서 태어났다.

"바야흐로 16세기 강릉의 한 양반가. 신명화와 용인 이씨 사이
에서 둘째 딸, 신인선이 태어났다."

사임당의 생가이자 외가인 오죽헌은 조선 초기에 지어진 별당으로 현재까지도 잘 보존되고 있다. 오죽헌은 주심포양식에서 익공양식으로 변해가는 건축과정을 보여주는 중요한 건물로 평가받아 1963년 보물 제165호로 지정되기도 하였다.

실제로 오죽헌에 가보면, 아직도 왼쪽 마루방과 오른쪽 방이 있다. 왼쪽 마루방은 율곡 이이가 여섯 살 때까지 공부하던 곳이며, 오른쪽 방은 1536년 사임당이 율곡은 낳은 곳으로 알려졌는데, 이곳에는 사임당의 영정이 모셔져 있다.

또한 전해지는 바에 따르면 외조부 이사온이 장인 최응현의 집이었던 강릉 오죽헌에서 처가살이를 했고, 아버지 신명화도 그곳에서 사위로 처가살이를 했다고 한다. 그리고 신명화는 훗날 넷째 사위에게 오죽헌을 물려줬다고 한다. 우리는 여기서 한 가지 중요한 사실을 알 수 있다. 바로 당시 처가살이가 일반적인 풍습이었다는 것인데, 처가살이의 역사를 살펴보면 고구려시대에 시작된 것으로 추정된다. 당시 '서옥제'라고 불렀는데 양쪽 집안이 혼인에 합의하면 신부의 집 뒤뜰에 '서옥'이라는 별채를 지어 신혼집으로 사용했고, 아이가 어느 정도 자라면 비로소 남편이 아내와 자식을 데리고 자신의 집으로 가는 제도였다. 이 풍습은 고려시대로 이어져 신인선이 살았던 조선 초기까지 남아 있었던 것으로 보인다.

한편, 신인선은 열 여섯 살에 '사임당'이라는 당호를 스스로 짓

사임당의 생가이자 외가인 강릉 오죽헌

는다. 당호의 뜻은 중국 고대 주나라의 문왕의 어머니인 태임을 본받는다는 것으로서, 태임에서 따왔다고 전해지고 있다. 태교에서부터 정성을 기울여 아들 주나라 문왕을 얻은 현숙한 부인 태임(太任)을 본받는다는 의미에서 사임당(師任堂)으로 당호를 스스로 지은 신인선은 어린 시절부터 다른 자매와 달리 참으로 영특했으며 자기 의지가 충만했던 능동적인 소녀였던 것으로 보인다. 그도 그럴 것이 당시 여성이 당호를 짓는 일은 흔치 않았기 때문이다.

> "16세에 스스로 당호를 지은 소녀 신인선. 당시 여성이 당호를 짓는 일은 흔치 않았다는 점에 이는 매우 놀랍다."

오죽헌에 있는 사임당 동상

신명화는 딸들에게도 성리학과 글씨, 그림 그리는 법을 가르쳤는데 유난히 영리하고 재능이 뛰어났던 인선을 각별히 아꼈을 것이다. 이에 부응이라고 하듯이 사임당은 기억력이 좋아 한학의 기본 서적들을 두루 깨우쳤으며, 해가 갈수록 산수화와 포도, 풀, 벌레 등을 그리고 나아가 그럴 듯한 한시까지 지어 사람들을 놀라게 하였다.

왜냐하면 사임당이 당시 사회적 최우선 가치로 내세웠던 조선 시대에서 여자는 제아무리 뛰어난 재능이 있다 할지라도 혼인과 동시에 재능을 펼치기는커녕 없다 치고 살아가야만 했었다. 한 가정의 부녀자가 집안일과 동시에 예술적 재능을 펼친다는 것은 거의 불가능한 일이었고 나아가 그것은 충분히 사회적 관습에 의해 지탄받을 수 있는 일이었다.

그러나 어찌된 일인지 사임당은 예외였다. 그녀가 아들이 대학자 율곡 이이였기 때문에 오늘 날 그의 재능이 알려졌던 걸까. 단언컨대 그것은 아니리라. 왜냐하면 사임당이 당시 사회적 제재로부터 상대적으로 자유로울 수 있었던 것은 바로 부친 신명화가 있었기 때문이다. 다시 말해 바로 딸의 재능을 키워줄 사윗감을 고르던 아버지 신명화의 노력이 있었기 때문에, 사임당이 유년 시절을 지나고도 자신의 재능을 사장시키지 않고 계속 앞으로 나아갈 수 있었다.

인생 제2막,
이원수와의 결혼

모친 못지않게 인선을 무척이나 아꼈던 부친 신명화는 일생일
대의 큰 결정을 하게 된다. 바로 딸의 사윗감을 직접 고르기 시작
한 것이다. 이때 신명화가 사윗감으로 가장 우선시했던 것은 가
문이나 재력이 아니었다. 바로 딸의 재능을 키워줄 만한 인물이
어야만 했었는데, 설령 키워주지는 못하더라도 일절 방해는 안
하는 조선 남자이어야만 했었다. 신명화는 심려숙고 끝에 너무
볼품없거나 가난하지도 않은 지체 높은 집안의 덕수 이씨 이기,
이행 형제의 조카인 이원수를 사위로 정하였다. 두 당숙이 높은
자리에 있었지만 이원수의 집안은 가난했으며 딱히 이렇다 할 관
직도 없었다.

신명화 집안의 둘째 딸 정도면 충분히 지체 높고 재력 있는 집
안의 아들과 혼인할 수 있었겠지만 신명화는 달랐다. 가난한 집

안의 외아들이자, 일찍이 아버지를 여의고 홀어머니 슬하에서 지내고 있는 이원수는 사임당의 사윗감으로 안성맞춤이라고 봤을 것이다. 그렇게 이원수라는 총각은 사임당의 부친 신명화의 선택을 받게 된다. 이원수는 돈령부사 이명진의 4대 손으로 할아버지 이의석은 최만리의 사위로 현감을 지냈고, 증조부 이추는 대제학 윤회의 사위로 군수를 역임한 바 있다.

　나아가 이원수가 편모 슬하에서 독자로 자랐기 때문에 딸에게 시집살이를 시킬 만한 가까운 가족이 없을 뿐 아니라, 오히려 신사임당의 어머니 이씨 부인처럼 시집으로 보내지 않고 친정살이가 가능할 것이라는 생각이 아마 이원수를 선택하게 된 신명화의 가장 큰 이유가 아니었을까 싶다.

　　"1522년(중종 17년) 8월 20일 사임당 신씨는 덕수 이씨의 이원수(李元秀)와 결혼해 사위가 처가댁에 머무는 전통에 따라 강릉에서 계속 살다가 서울로 이사했다."

　이처럼 이원수가 친정살이를 한 데에는 앞서 살펴본 '남귀여가혼'이라는 결혼풍습이 여전히 조선시대에 이어졌기 때문이다. 이를 바탕으로 사임당 신씨 역시 자신의 어머니와 마찬가지로, 그녀 역시 아들 형제가 없었기 때문에 남편의 동의를 얻어 시집에 들어가지 않고 친정에서 살았을 것이다. 또한 여러 모로 재능이 출중한 딸을 보내기 싫었던 부친 신명화는 유독 둘째 사윗감(이원수)에게 처가살이를 제안했을 것이다. 이런 상황에서 남편인 이원수는 장인 신명화의 제안을 거부하기 힘들었을 것이다. 하여 이원수는 결혼 이후 처가살이를 하게 된다. 한편 사임당에게는 훗날 유년시절 못지않게 예술의 재능을 발휘할 수 있었던 데에는 이런 환경이 크게 좌우했을 것으로 보인다.

> *"사임당은 결혼 후 남편의 동의를 얻어 친정에서 머물렀다. 그 곳이 바로 강릉에 있는 오죽헌이다."*

그러나 결혼한 첫 해에 사임당의 부친 신명화가 갑자기 죽게 된다. 사임당은 결혼 몇 달 후 아버지가 세상을 떠나자 친정에서 3년 상을 마치고 한성으로 올라갔다. 그 후, 얼마 뒤에 시집의 선조 때부터의 터전인 파주군 율곡리에 거주하기도 했고, 강원도 평창군 봉평면 백옥포리에서도 여러 해 살았다. 사임당은 이따금 친정에 가서 홀로 사는 어머니와 같이 지냈다.

이처럼 사임당은 자신에게 큰 영향력을 준 모친을 효심으로 섬겼다. 사임당이 서울 시가로 가면서 지은 〈유대관령망친정〉이나 서울에서 모친 용인 이씨를 생각하면서 지은〈사친〉등의 시에서 어머니를 향한 사임당의 깊고 애절한 사랑을 보여주고 있다. 사임당은 그림으로도 유명하지만 사실 문장 짓는 솜씨와 글씨 역시 뛰어나 많은 학자들로부터 '고상한 정신과 기백을 나타내고 있다'고 평가받는다. 이처럼 시와 문장에도 탁월한 능력을 발휘하는 사임당, 그녀의 작품 중에서 '사친'(어머니 그리워)이라는 시를 살펴보자.

사친(思親)

천리가산만리봉 귀심장재몽혼중 (千里家山萬里峰歸心長在夢魂中)
산 첩첩 내 고향 천리연마는 자나깨나 꿈속에도 돌아가고파
한송정반고륜월 경포대전일진풍 (寒松亭畔孤輪月 鏡浦臺前一陣風)
한 송정 가에는 외로이 뜬 달 경포대 앞에는 한줄기 바람
사상백구항취산 해문어정임서동 (沙上白鷗恒聚散 海門漁艇任西東)
갈매기는 모래톱에 헤락 모이락 고깃배들 바다 위로 오고 가리니
하시중답임영로 갱착반의슬하봉 (何時重踏臨瀛路 更着斑衣膝下縫)
언제나 강릉길 다시 밟아가 색동옷 입고 앉아 바느질할꼬.

어머니를 생각하는 사임당의 마음은 잘 나타난 시다. 이 외에도 사임당의 효심을 가늠할 수 있는 또 다른 시가 있다. 사임당이 서른셋의 나이로 셋째 아이(율곡 이이)를 출산하기 위해 고향 강릉에 내려간 적이 있다. 건강하게 사내아이를 출산한 사임당은 1537년 사임당은 이이를 데리고 친정에서 한성부로 돌아가

는 도중 시를 한 편 지었다. 바로 모친 용인 이씨에 대한 절절한
마음을 시로 표현한 것인데, 바로 이것이 〈유대관령망친정〉이란
시다.

유대관령망친정(踰大關嶺望親庭)

자친학발재림영(慈親鶴髮在臨瀛)
늙으신 어머니를 강릉에 두고
신향장안독거정(身向長安獨去情)
외로이 서울길로 떠나는 이마음
회수북평시일망(回首北坪時一望)
때때로 고개돌려 북평쪽 바라보니
백운비하모산청(白雲飛下暮山靑)
흰구름 아래로 저녁산이 푸르구나.

〈유대관령망친정〉이란 시는 대관령 고개에 이르러 멀리 내려
다보이는 마을을 바라보며 친정어머니에 대한 절절한 마음을 잘
담아낸 작품으로 현재 평가받고 있다. 하여 이는 후대에 남녀노
소를 가리지 않고 폭넓게 애송되었다. 사임당은 출산 후에도 홀
로 지내는 모친이 걱정돼 친정 강릉에 자주 들렸다고 한다. 한성
과 친정 강릉을 오가던 생활이 많이 불편했던 사임당은 남편 이

원수에게 특별히 한성과 강릉의 중간 지점인 평창에 머물 거주지를 마련해주기도 했다. 남편을 생각하는 사임당의 배려심이 묻어나는 대목이다.

그렇다고 해서 이런 남편에게 사임당은 무조건적으로 순종한 건 아니다. 사임당은 남편 이원수에게 과거 시험을 보게 하기 위해 무려 10년간 별거를 약속한 것으로 알려졌다. 그러고 나서 좋은 명산을 알아내 이원수를 그쪽으로 보내기도 했다.

그러나 이원수는 과거 시험을 보기 위해 10년간 별거를 약속하고 산으로 들어갔다가 아내가 보고 싶어 다시 되돌아왔고, 그는 결단력 없는 남편을 나무라기도 하였다. 남편의 태도가 마음에 들지 않았던 그녀는 가위로 자신의 머리카락을 자르며 제대로 공부하지 않으면 비구니가 되겠다고 협박하여 남편에게 학문에 정진하도록 했다. 그러나 결국 남편 이원수는 3년 만에 학문을 단념, 과거 시험에 합격하지 못하고 음서로 관직에 진출하게 된다.

남편 이원수는 매우 안타깝게도 과거에는 합격하지 못했지만, 그는 유교사회에서 전형적인 남성과는 거리가 있었다. 그는 남성우위의 가부장적인 남편이기 보다는 사임당의 예술적 자질을 인정해 주고, 그녀의 말에 귀를 기울이는 남성이었던 것으로 보인다. 그렇지 않으면 사임당이 친정에서 그렇게 오랜 시간을 보낼 수 없었을 터. 물론 친정살이를 하는 고려풍습이 아직 남아 있는 16세기 조선의 가족제도가 어느 정도 영향을 주었겠으나, 사실상 사임당이 시가에 머문 기간보다 친정이나 그 근처에 살았던 기간이 훨씬 길었다는 것은 남편 이원수의 도량이 크다는 것을 의미한다.

율곡 이이가 어머니 행장에서 "후에 어머니께서는 강릉으로 돌아가셨다(後慈堂歸寧于臨瀛)."라고만 표현했기 때문에, 사임당이 정확히 언제 시가에 인사를 갔다가 다시 강릉으로 간지는 정확히 알 순 없다. 다만 시가의 근처인 파주나 서울에 머물렀던 기간은 그리 길지 않은 것으로 보인다.

왜냐하면 율곡이 1536년 강릉 오죽헌에서 태어나 만 5세인 1541년 서울로 돌아왔다는 사실 등으로 보면, 혼인한 뒤 20여 년 동안 시가에 머문 기간보다는 친정이나 그 근처에서 살다간 기간이 훨씬 더 길었음을 알 수 있기 때문이다. 다시 말해서 1541년 강릉을 떠나 서울로 가면서 신사임당은 비로소 시집을 간 셈이다. 앞서 어머니와 이별을 안타까워한 사임당의 시는 바로 이런 배경에서 나왔을 터.

그렇기에 모친과의 이별이 그렇게나 애절하고 슬픔이 묻어날 수밖에 없었을 것이다. 옆에서 이를 지켜 본 이원수는 매우 안타까워했을 것이고 사임당을 배려하기 위해 강릉으로 내려가는 것을 적극적으로 지원했을 것이다.

"남편 이원수 역시 사임당의 예술적 자질을 인정해주었다. 그는 가부장적인 남편이기 보다는 사임당의 말에 귀를 기울이는 남성이었다."

이처럼 남편 이원수는 사임당의 예술성을 보다 북돋아준 것으로 생각된다. 제아무리 당시의 시대 상황, 즉 남귀여가혼의 결혼 생활이 이원수로 하여금 그런 태도를 갖게 하는 데 영향을 주었다고 해도, 무엇보다 사임당을 존중하는 이원수라는 인물의 기본 됨됨이를 바탕으로 이루어졌을 것이다. 때문에 오늘 날 사임당을 유교적인 현모양처의 대표주자로 보는 데는 무리가 있다.

당시 시대 상황에서 유교적 규범이 규정하는 현모양처란, 친정에 딸로서 행하는 것보다 며느리로서 역할을 바탕으로 하고 있기 때문이다. 따라서 유교적 규범은 출가한 여성들에게 오직 며느리로서의 역할에만 충실하도록 요구하였다. 사임당이 이를 모를 리가 없다.

그러나 사임당은 시대적 요구를 알고 있으면서도 주체적으로 인간 본연의 의지를 갖고 생활을 꾸려나갔던 것이다. 이러한 사임당의 성향은 남편 이원수와의 일화를 통해서도 잘 알 수 있다. 사임당은 이원수에게 일가인 영의정 이기의 문중에 출입하지 말라고 다음과 같이 충고를 한 적이 있었다고 한다.

"저 영의정이 어진 선비를 모해하고 권세를 탐하니 어찌 오래갈 수가 있겠소. 그가 비록 같은 덕수 이씨 문중이요, 당신에게는 오촌 아저씨가 되지만 옳지 못한 분이니 그 집에 발을 들여놓지 마시오."

남편 이원수는 평소 사임당의 말에 귀를 기울였기에, 그녀의 말대로 하였다. 비록 높은 관직에 있는 오촌 아저씨였으나, 사임당의 조언에 따라 이원수는 그 집에 발걸음을 완전히 끊은 것이었다. 그 결과 나중에 이원수는 정말로 뒷날 역모에 따른 참화를 면했다고 한다. 만약 남편 이원수가 가부장적인 유교사회의 전형적인 남성이었다면, 사임당의 조언을 듣는 둥 마는 둥 하였을 터. 그러나 이원수는 남성 우위의 허세를 부리기는커녕 아내 사임당의 말에 항상 귀를 기울이려고 노력한 것으로 보인다.

이처럼 사임당은 예술인이기 전에 아내로서 덕을 쌓고 남편 이원수에게 현명한 조언을 하는 데 아끼지 않았다. 이러한 사임당의 인품을 단순히 현모양처라는 프레임에 가둬버리는 것은 옳지 않다. 사임당은 예술인이면서도 본인의 생활 속에서는 아내 역할에 최선을 다했던 것이 아닐까 싶다. 나아가 어머니로서의 역할도 충실히 함으로써 이매창과 같은 시인, 그리고 이이와 같은 대학자를 길러냈을 것이다. 이 모든 게 단순히 유교적 규범의 현모양처의 역할이라고 할 수 있을까. 단연컨대 아닐 것이다. 이런 내용으로 말미암아 사임당은 당시 조선이 요구하는 유교적 여성상에 반기를 들고 독립된 한 인간으로서 자신의 삶을 스스로 개척해갔던 인물이라고 할 수 있겠다.

> "오늘 날 사임당이 이토록 추앙받는 이유는 바로 조선이 요구하는 유교적 여성상에 만족하지 않고, 끊임없이 자신에게 주어진 삶을 스스로 개척해나가는 인물이었기 때문이다."

그러나 그런 그녀에게 전혀 예상치 못한 시련이 다가왔다. 남편 이원수가 첩을 두었다는 소식을 전해 들었기 때문이다. 놀랍게도 그건 사실이었다. 설상가상 이원수는 아예 방을 따로 얻기까지 한다. 제아무리 현명한 여인일지언정 이 같은 소식에 눈 하나 깜짝하지 않은 사람이 있을까. 사임당 역시 큰 충격을 받았을 것으로 보인다. 사실 사임당의 부친 신명화나 외할아버지 이사온 역시 평생 동안 단 한 번도 여자 문제를 일으킨 적이 없었기 때문이다.

사임당은 결혼 후 자연스럽게 남편 이원수 역시 크게 다르지 않을 거라고 생각했을 것이다. 그러나 남편 이원수는 이런 사임당의 기대를 저버렸다. 남편의 외도라는 청천벽력과도 같은 시련 앞에서 사임당의 심정이 어떠했을지 짐작이 간다. 그런데 그도 모자라 남편 이원수는 잠깐 스쳐지나가는 바람으로 끝을 내지 않고, 아예 첩을 한 명 집으로 들인다. 첩 권씨는 주막집 여인이었는데 사임당 앞에서도 술주정과 행패가 심하였다고 한다. 첩 권씨의 등장에 사임당은 크게 반발했을 것이고, 응당 부부관계는 급속도로 악화되어 갔을 것이다. 이때 사임당은 잠시 괴로움을 잊고자 금강산에 들어갔다 오기도 했다. 그녀의 심적 고통이 실로 깊었음을 알 수 있는 대목이다. 하지만 이런 상황에서도 사임당은 자녀교육을 대면시하지 않았다.

첩 권씨가 집안에 들어온 상황에서 비록 부부관계는 냉랭하였으나 이이와 딸 매창에게 각각 글과 그림을 가르치는 것을 마다하지 않았다. 집으로 돌아온 사임당은 훗날 자신의 죽음을 예견하기라도 한 듯, 남편 이원수에게 훗날 자신이 먼저 세상을 뜬다면, 절대로 재혼을 하지 말 것을 강하게 요구하였다. 이와 관련된 내용은 〈동계만록(東溪漫錄)〉을 통해 전해져오는데, 사임당과 남편 이원수의 대화 한 토막을 보면 사임당의 일목요연한 논법이 잘 드러나 있다. 대화의 일부분을 살펴보면 다음과 같다.

사임당

"내가 죽은 뒤에 당신은 다시 장가들지 마시오. 우리가 7남매나 두었으니까 더 구할 것이 없지 않소. 그러니 〈예기〉의 교훈을 어기지 마시오."

이원수

"공자가 아내를 내보낸 것은 무슨 예법이오?"

사임당

"공자가 노나라 소공 때에 난리를 만나 제나라 이계라는 곳으로 피난을 갔는데 그 부인이 따라가지 않고 바로 송나라로 갔기 때문이오. 그러나 공자가 그 부인과 동거하지 않았다 뿐이지 아주 나타나게 내쫓았다는 기록은 없소."

이원수

"증자가 부인을 내쫓은 것은 무슨 까닭이오?"

사임당

"증자의 부친이 찐 베를 좋아했는데, 그 부인이 베를 잘못 쪄서 부모 공양하는 도리에 어김이 있었기 때문에 어쩔 수 없이 내보낸 것이오. 그러나 증자도 한번 혼인한 예의를 존중해서 다시 새 장가를 들지는 않았다고 합니다."

이원수

"주자의 집안 예법에는 이 같은 일이 없소?"

사임당

"주자가 47살 때에 부인 유씨가 죽고, 맏아들 숙은 아직 장가들지 않아 살림을 할 사람이 없었건마는 주자는 다시 장가들지 않았소."

이처럼 사임당은 남편 이원수에게 논리정연하게 이야기하며, 사후 재혼을 하지 말 것을 주장했다. 그러나 이원수는 위의 기록된 내용처럼 공자, 증자, 주자도 새 장가를 들었다며 반박했다. 이에 질세라 사임당은 차근차근 논리적 근거를 대면서 조선의 남성 중심주의를 타파하기라도 하는 듯 강하게 반박했고, 이에 이원수는 아무 말도 하지 못했다. 허나 무슨 연유에서인지 이원수는 이번만큼은 사임당의 조언(?)에 귀를 기울이지 않았다. 사임당 사후에 끝끝내 이원수는 첩 권씨를 아내로 맞이한 것이다. 사임당의 사망으로 크게 실의에 빠진 이이가 어머니를 그리는 글을 쓰면서 시련을 극복해갔다면 남편 이원수는 사임당의 빈자리를 첩으로 채웠던 것이다.

허망할 정도로 짧은 생애를 살다간 사임당이 사망한 해는 1551년 5월이었다. 당시 수운판관(水運判官)으로 재직중이던 남편 이원수는 세곡 운반의 임무를 맡고 평안도로 출장을 가게 되었다. 이때 일찍이 임관한 장남 이준과 셋째 아들 이이도 함께 떠났다. 무사히 업무를 마치고 아들들과 함께 배를 타고 돌아오고 있던 그때, 사임당은 심장통증을 호소하며 병상에 눕더니 이삼일 후에 크게 상태가 악화되었다. 사임당은 위독해진 상태에서 병상에 둘러앉은 다른 자녀들에게 말하기를, '나는 이제 일어나지 못할 것이다'라는 말을 남겼다고 한다.

결국 사임당은 5월 14일 경, 병이 심해져 사경을 헤매다가 5월 17일 심장질환으로 세상을 떠났다. 그의 나이 향년 48세였다. 이에 셋째 아들 율곡 이이는 모친의 임종도 지켜보지 못했다는 죄책감과 더불어 삶과 죽음에 대한 의문을 품고 크게 방황하다가 한때 불교 승려가 되기도 했다. 이 시기 힘들어하는 율곡 이이를 잡아준 건 외할머니 용인 이씨였다.

> "1551년 5월 17일 사임당은 심장질환으로 세상을 떠났다. 사임당 나이 향년 48세였다. 경기도 파주군 율곡촌에 안장하였고, 후일 남편 이원수를 그녀의 묘소 곁에 안장하였다. 또한 후에 이이가 종1품 숭정대부 의정부우찬성과 판의금부사까지 승진하여, 정경부인(정1품)에 추증하였다."

여러 방면에서 당대 최고의 능력 발휘했던 것으로 알려진 사임당의 말년은 안타깝다 못해 한스럽다. 1504년 외가인 강릉 오죽헌에서 태어나 어려서부터 뛰어난 재능을 보였던 신인선. 외조부와 부모에게 큰 사랑 동시에 엄한 교육을 받았고, 어1522년 19

살의 나이로 덕수 이씨 원수와 결혼해 모두 4남 3녀를 두었다.

48년이라는 길지 않은 생애를 살며 오늘 날에는 조선시대를 대표하는 여성 예술가로 사람에게 각인되고 있다. 특히 그림에 뛰어나 채색화와 수묵화 등 약 40여 점의 작품이 전해지고 있다. 본격적으로 다음 장에서는 사임당의 작품을 살펴보기 전에 예술인이자 인간 신인선에 대해 한 걸음 더 가까이 가보자. 나아가 그리 길지 않은 생애를 살다간 그녀이기에, 그녀의 예술 혼이 담긴 한 작품 한 작품이 모두 소중하다고 할 수 있겠다.

인간 신인선의
꿈

    사임당의 말년은 허망할 정도로 안타까웠지만 오늘 날 그녀의 남기고 간 시와 그림 등과 같은 작품을 통해 인간 신인선의 꿈을 가늠할 수 있다. 사임당은 율곡 이이의 어머니로 유명하지만, 그보다 더 중요한 건 그녀가 굉장히 재능이 있는 예술가라는 사실이다.

    조선 후기, 숙종, 송시열, 이형규 등 여러 지식인들이 그가 그린 그림에 발문을 쓸 정도였으니 그 재능이 얼마나 대단한 지 알 수 있다. 많은 학자들이 사임당을 가리켜 말하기를, 그는 글이나 그림 어느 쪽에서도 부족함이 없을 정도로 그 실력이 뛰어났다고 한다.

    이와 관련된 기록들도 꽤 많은데, 여기서 잠깐 인간 신인선에 대한 기록을 간단하게나마 살펴보면 어떨까 싶다. 먼저 송갈 정

철의 4대 손이자 노론의 수장인 송시열의 제자이자 영조 때 영의
정을 지냈던 정호는 사임당을 다음과 같이 칭송하기도 했다.

옛날 성현들은 인물을 평가함에 있어 도덕이 온전하고 재주가
갖추어진 사람을 일컬어 군자라 했다.
그러나 이 말은 남자에게는 해당되나 부인에게는 상관이 없는
말이다. 남들은 여자란 다만 도덕은 말할 수 있어도 재주는 말할
것이 못된다하지만 나는 그렇게 보지 않는다. 여자라도 덕이 이
미 온전히 갖추어졌고, 재주도 통하지 않음이 없다 하면 어찌 여
자라 하여 군자라 일컫지 못하겠는가!

사임당은 여자 중의 군자라 일컬어 손색이 없을 것이다. 큰 인물
을 낳고 길러 꽃다운 이름을 백대에 끼쳤으니 더 말해 무엇하겠
는가!
- 정호(1648~1736) -

그 밖에도 많은 이가 인간 신인선의 재능을 찬탄을 아끼지 않
았는데, 그 내용을 한 번 읽어보자.

사임당이 그린 풀, 벌레, 나비, 꽃, 오이 따위는 그 모양이 실물과
똑같을 뿐만 아니라 그 빼어나고 맑은 기운이 산뜻하여 화폭 속

에 마치 살아있는 것 같아 그저 붓이나 핥고 먹이나 빠는 저속한 화가 따위가 능히 따를 수 있는 그런 것이 아니다.

- 김진규(1658~1716) -

사임당 신부인의 그림을 필력이 살아 움직이고 모양을 그림 것이 실물과 똑같아, 줄기와 잎사귀는 마치 이슬을 머금은 것 같고, 풀벌레는 살아 움직이는 것 같으며, 오이와 수박은 보고 있노라며 저도 몰래 입에 침이 흐르니, 어찌 천하에 보배라 하지 않으리요!

- 권상하(1641~1721) -

그림으로써 세상에 드러난 이가 헤아릴 수 없이 많지만 그 모두는 남자요, 부인은 극히 드물다. 더욱이 잘 그리는 사람은 많아도 신묘한 경지에 들어간 사람은 많지 않다. 그러나 부인으로서 그림을 잘 그려 신묘한 경지에까지 들어간 분이야말로 우리나라에서는 오직 사임당 신씨뿐이다.

- 홍양한(18세기, 생몰연도 미정) -

사임당 신씨 부인은 타고난 자질이 많고 고운 데가 효성이 지극하였을 뿐만 아니라 몸가짐이 단정하고 순결하며 말이 적고 행실이 바른 분이셨다. 또 경전과 사기에 통하고 문장에도 뛰어났으며, 바느질과 자수에도 신비에 가까울 정도였다. 더욱이 그림에 있어서는 신품을 만들어냈다. 이 모두를 종합해 볼 때 사임당은 여류 선비가 분명하므로 우러러 사모하는 마음 간절하다.

- 신석우(1805~1865) -

여성이면서도 성리학적 지식이 해박했다는 점과 아들 이이, 이우, 딸 이매창을 각각 대학자와 화가, 작가로 길러냈다는 점 역시 사후 그가 찬탄되는 이유가 되었을 것이다. 그러나 단순히 그 이유 때문에 사임당이 칭송되는 건 아닐 것이다. 오로지 예술작품 하나만 놓고 보더라도 그녀는 칭송받아 마땅하다. 3장에서는 그녀의 작품세계에 대하여 감상하고자 한다. 그 전에 사임당의 그림실력에 관한 짤막한 일화를 들려주고자 한다. 아마도 한 번 쯤 들어본 적이 있는 얘기일 것이다.

어느 날 잔칫집에 초대받은 사임당이 여러 귀부인들과 담소를 나누고 있었다. 그때였다. 마침 국을 나르던 하녀가 어느 부인의 치맛자락에 걸려 넘어지고 만다. 그 바람에 그 부인의 치마가 쏟아진 국에 다 젖었다.

"이를 어쩌나, 빌려 입고 온 옷을 버렸으니..."

그 부인은 형편이 가난하여 잔치에 입고 올 옷이 없어 하는 수 없이 다른 사람에게 새 옷을 빌려 입고 왔던 것. 그런데 그 옷을 버렸으니 걱정이 태산과도 같았다. 그때였다. 사임당이 그 부인에게 다가와 다음과 같이 말했다.

"부인, 저에게 그 치마를 잠시 벗어 주십시오. 제가 한 번 수습을 해 보겠습니다."

부인은 이상하게 생각하였으나 사임당에게 옷을 벗어 주었다. 그러자 사임당은 붓을 들고 치마에 그림을 그리기 시작했다. 치마에 얼룩져 묻어 있었던 국물 자국이 사임당의 붓이 지나갈 때마다 탐스러운 포도송이가 되기도 하고, 싱싱한 잎사귀가 되기도 했다. 보고 있던 사람들이 모두 놀랐다. 그림이 완성되자 사임당은 치마를 내놓으며 그것을 팔아서 비용을 마련하게 하였다.

"이 치마를 시장에 갖고 나가서 파세요. 그러면 새 치마를 살 돈이 마련될 것입니다."

실수로 빌려온 옷을 버렸던 그 귀부인은 치마를 팔았는데, 실물과도 같아서 비싼 가격에 팔렸다고 한다.

뛰어난 그림실력을 지닌 사임당의 기지로, 위기를 넘긴 어느 귀부인의 이야기는 글의 정확한 출처는 알 수 없지만, 그럼에도 불구하고 어느 정도 납득이 간다. 사임당의 그림을 한 번쯤 본 사람이라면 고개를 주억거리게 될 것이다. 이와 같이 서화에 뛰어난 솜씨를 보였던 사임당의 재능은 자식들에게까지 이어진다.

어머니를 닮아 서화에 뛰어난 솜씨를 선보이며 이름을 알린 이우와 장녀 이매창이 그들이다. 특히 이우도 "그림의 품격이 빼어나 조화를 일찍 묵화로 풀벌레로 그려 내어 길에다 던지자 뭇 닭들이 실제 벌레인 줄 알고 한꺼번에 쫓았다"는 일화가 있을 정도로 예술적인 재능이 뛰어났으며, 형 이이가 "내 아우로 하여금 학문에 종사하게 했다면 내가 따르지 못하였을 것이다."라고 말할 정도로 그림과 시 재주가 있었던 것으로 전해진다.

한편 사임당의 재능을 엿볼 수 있는 작품으로는 산수도, 초충도, 연로도, 자리도, 노안도, 요안조압도와 6폭 초서병풍 등이 대표적이다. 이 외에도 그림, 서예작, 수자수 등의 작품을 다수 남겼다. 그녀의 작품에 대해서는 다음 장에서 구체적으로 다루겠다.

1963년
사임당의 생가 오죽헌(烏竹軒),
보물 제165호로 지정되다!

강원도 강릉시 죽헌동에는 검은 대나무 숲으로 둘러싸여 있는 오죽헌이라는 곳이 있습니다. 1504년(연산군 10) 10월 29일, 바로 이곳에서 사임당이 태어나 유년시절을 보냈지요. 또한 훗날 대학자가 된 율곡 이이가 출생한 곳이기도 합니다. 뒤뜰에 검은 대나무 숲이 자라고 있어 '오죽헌'이라는 이름이 붙여졌으며, 이곳은 조선 초기의 건축물이 주심포양식에서 익공양식으로 변해가는 과정을 보여주고 있습니다. 따라서 건축사적으로 매우 중요, 이를 인정받아 지난 1963년 1월 31일 보물 제165호로 지정됐습니다. 백문이 불여일견! 시간이 없어서 실제 가보지 못한 분께서는 사진으로나마 오죽헌을 눈에 담아보시기 바랍니다.

강릉 오죽헌 어제각(보물 제165호)

강릉 오죽헌 어제각 유물

제3장

사임당의 그림들

화려하진 않지만 화사한
사임당의 초충도

사임당의 지성과 예술적 재능은 세상에 잘 알려져 있다. 사임당은 시, 서, 화 작품을 고루 남겼기 때문인데, 그녀는 특히 여러 장르의 그림에서 두각을 나타냈다. 특히 사임당은 〈산수도〉와 〈포도도〉를 가장 잘 그린 것으로 평가받는다. 앞에서 언급했듯이 사임당은 일곱 살 때부터 부친 신명화가 사다 준 안견의 그림을 보고 모방해 주위로부터 극찬을 받았던 것으로 알려졌다. 이때부터 〈산수화〉를 그렸으며 이어서 완성한 〈포도도〉 역시 뛰어난 완성도를 보여줬던 것으로 보인다. 어숙권이 그녀를 안견 다음의 산수화가로 손꼽을 정도면 그녀의 그림실력이 얼마나 대단했는지 가늠할 수 있다.

사임당은 주위에서 쉽게 볼 수 있는 것들을 소재로 삼아 사실적으로 그렸다. 바로 이 점이 사임당의 그림세계를 규정하는 가장 큰 특장점이라 할 수 있다. 나아가 불모지나 다름없었던 조선 미술사에서의 여성의 영역을 사임당은 시대적 한계를 뛰어넘어 자신만의 색깔을 구축해갔고, 관료들은 사임당의 그림을 즐겨 감상했던 것으로 보인다. 사임당의 그림은 점점 입소문을 타고 퍼져나갔을 것이고, 더러 그녀의 그림을 수집하는 이도 있었을 것이다. 사임당의 그림은 당시 보수적인 관료들에게 익숙했을 것이다.

우리에게도 익숙한 사임당의 그림이 있다. 바로 초충도(草蟲圖)이다. 초충도란 말 그대로 '풀과 벌레'를 그린 그림인데, 우리가 일상에서 쉽게 접할 수 있는 식물과 동물 따위가 그려져 있다. 쉽게 볼 수 있는 작은 동물과 나비, 나방, 벌 등과 같은 곤충들이 사실적으로 그려져 있는데, 한 폭 한 폭 고상함이 한껏 묻어난다. 이에 대해 미술전문가들은 사실적이되, 품위 있고 고운 색채가 그림의 전체적인 분위기를 결정했다고 입을 모은다.

초충도에는 일상에서 쉽게 찾을 수 있는 소소한 것들이 화사한 색으로 표현되어 있는데, 초충도 속 패랭이 꽃, 가지의 색감은 화려하진 않다. 그러나 더할 나위 없이 화사하다. 자고로 화려함과 화사함은 전혀 다르다. 화려함에는 '과장'이 어울린다면, 화사함에는 '절제의 미'가 짝을 이룬다. 자, 그럼 강원도유형문화재 제11호로 지정된 네 폭의 초충도 그림을 살펴보자.

초충도(草蟲圖) | 사임당, 종이에 채색, 48.6×35.9cm×8, 오죽헌 · 시립박물관
꽃과 나무 그리고 풀과 벌레를 소재로 그린 그림이다.
초충도, 이 작품이야말로 우리에게 가장 익숙한 사임당의 작품이 아닐까?

5-5

수박과
석죽화

사임당은 다양한 초충도를 남겼다. 이번에 소개할 그림이 바로 그것인데, 우리에게 잘 알려진 〈수박과 석죽화〉다. 중앙 하단 쪽에는 복스러운 자태를 뽐내는 커다란 수박 한 통이 그려져 있다. 그 옆으로는 앙증맞다는 표현이 어울릴 정도로 작은 크기의 수박이 놓여 있다. 두 개의 수박 앞으로는 긴 더듬이는 곧추 세운 사마귀 한 마리가 어슬렁어슬렁 거닐고 있다.

사실 요즘에는 사마귀와 같은 곤충을 좀처럼 보기 힘들지만, 우리나라의 경우 1990년대까지만 해도 사마귀는 도시에서도 흔하게 볼 수 있는 곤충이었다. 하물며 조선시대에는 사마귀는 흔하고 흔한 곤충이었을 것이다. 이같이 사마귀가 제아무리 일상에서 쉽게 접할 수 있는 곤충이었을지언정, 다른 그림에서는 보기 드문 소재였다고 한다.

수박과 석죽화 | 사임당, 종이에 채색, 44.3×25.9cm, 오죽헌 · 시립박물관
먹음직스러운 수박 주위로 활짝 피어 있는 패랭이 꽃, 그 모양이 부챗살 같다.
그 위를 맴돌고 있는 벌과 나비도 이같이 느끼고 있을까?

한편 두 개의 수박 주변으로는 여섯 송이의 꽃이 만개한 석죽화가 흐드러지게 피어 있다. 이게 다가 아니다. 자칫 단조로울 수 있는 구도인데, 이런 느낌을 없애려는 듯 곳곳을 벌과 나비들로 채워 넣었다. 비록 '수박과 석죽화*'에 사용된 주된 색상은 두 가지 뿐이지만, 채색의 짙고 옅음을 적절하게 선보여 입체감을 살렸다.

★ 석죽화
패랭이 꽃을 말한다.

꽈리와
잠자리

이 그림은 〈수박과 석죽화〉와 더불어 『사임당화첩』에 장첩*된 것으로 알려졌다. 화지 하단에 선염*으로 지면을 구획했다. 그 주위로는 작은 태점*을 찍었는데, 이러한 그림방식은 국립중앙박물관에서 소장하고 있는 초충도와 흡사하다는 게 전문가들의 의

★ 장첩 —————————————————————————
그림 혹은 글씨를 오래 보존하기 위하여 두꺼운 종이에 붙이고 묶어서 만든 것을 말한다.
★선염
색칠기법의 하나로, 한쪽은 진하게 칠하고 다른 쪽으로 갈수록 점점 흐리게 칠하여 농담의 변화가 보이도록 칠하는 방식을 말한다.
★태점
수묵화나 채색화에서 산, 바위, 땅 등에 난 이끼를 나타내기 위해 찍는 작은 점을 말한다.

견이다.

　앞서 살펴본 초충도 〈수박과 석죽화〉와 비교했을 때 상대적으로 여백이 많다. 자칫 심심해 보이는 구도이지만 채색의 농도를 적절하게 조절해 오히려 여백의 미가 주는 여유로움이 나쁘지 않다.

　이 외에도 눈여겨 볼 사임당의 작품으로는 국립중앙박물관에서 소장하고 있는 초충도(pp.128-129 참조)가 있다. 사임당의 작품이라고 전해진다. 이 작품은 여덟 폭 병풍의 초충도 중 하나로 수박과 생쥐, 나비와 가지 등을 소재로 그림이 그려져 있다. 앞서 살펴본 다양한 초충도에 비해 색채가 무척이나 선명하다. 뿐만 아니라 훨씬 안정적인 구도를 선보이고 있다. 화사함보다는 화려함이 느껴지며, 섬세한 필선이 도드라져 있다.

　이처럼 초충도는 조선 초기 대표적인 여류화가 사임당의 작품이라고 전해지는 것이 많다. 일반적으로 수박, 생쥐, 나비, 포도, 화초 등을 그린 작품에서 식물의 줄기와 잎사귀, 벌레의 다리까지도 섬세하게 그려졌기에 후대에는 자수본으로 많이 이용된 것으로 알려져 있다.

꽈리와 잠자리 | 사임당, 종이에 채색, 44.2×25.7cm, 오죽헌·시립박물관
꽈리와 쑥부쟁이를 그려져 있고 그 위로는 나비, 벌, 고추잠자리 등이 날고 있다.
아래로는 귀여운 여치 한 마리가 그려져 있다. 찰나의 순간을 아주 세밀하게 묘사했다.

초충도 | 사임당, 종이에 채색, 32.8×28.0cm, 국립중앙박물관
산수, 포도, 대나무, 매화, 화초와 벌레 등 그림에 있어서 다양한 분야의 소재를 즐겨 그렸던 사임당.
이 작품은 여덟 폭 병풍의 초충도 중 하나로 수박 및 생쥐와 나비 등의 표현에 있어서
섬세한 필선, 선명한 색채, 안정된 구도가 돋보이는 작품이다.

물소

우리말에 "드문드문 걸어도 황소걸음"이란 말이 있다. 어떤 상황에서도 여유를 잃지 않는 소의 모습을 빗댄 말이다. 사임당의 수묵화 〈물소〉에서도 그런 소의 특성이 잘 나타나 있다. 그림 속에는 소 한 마리가 물을 먹고 있다. 그런데 평평한 평지가 아닌, 비탈진 땅 위에서 그것도 몸을 굽힌 상태로 목을 축이고 있다. 필경 소는 몹시 목이 마른 상태였을 터. 그러나 소는 성급해하거나 조급해하기는커녕 한가롭게 목을 축이고 있는 모습으로 묘사돼 있다.

그 어떤 상황에서도 호들갑을 떨기보다는 유유자적한 여유를 잃지 않는 소의 모습은 절제된 선과 묵으로 완성돼 입체감 묻어난다. 구체적으로 말해서 3등분한 화폭의 상단 좌측에 희미하게 담묵으로 숲을 표현했고, 정중앙은 묵선으로 원근법을 적용해 강

물소 | 사임당, 종이에 먹, 21×14.7cm, 오죽헌 · 시립박물관
이 그림은『사임당화첩』에 장첩된 수묵화로, 경사가 심한 땅 위에서도 여유를 잃지 않고
한가롭게 물을 마시는 소의 모습이 그려져 있다. 이런 소의 모습에서 사임당이 연상되지는 않는지?
소는 한 길만을 꾸준히 걸어간다. 우직하게 뚜벅뚜벅.

의 언덕을 나타냈다. 화폭의 하단 부분을 살펴보자. 강물과 강 언덕의 경계부분도 담묵으로 표현해, 슬며시 구분을 주었다. 이를 통해 제법 무게가 나가 보이는 소가 강 언덕에 뒷발을 뺀 채 앞발은 강물에 담그고 목을 축이는 모습을 입체감 있게 잘 보여주고 있다.

그런데 많은 전문가들이 수묵화인 〈물소〉를 보고, 소의 모습이 우리나라 황소보다는 중국의 물소와 흡사하다고 지적한다. 이에 대한 근거로는 1314년 고려 충선왕이 원나라에 '만권당'이라는 독서당을 세우고 원나라와의 문화교류에 있어서 중심역할을 하게끔 만들었고, 이때 수많은 중국 그림이 고려로 유입되었다는 것이다. 이로 인해 조선 전기에 그려진 그림들은 당연히 중국 그림의 지대한 영향을 받게 되었을 것이고, 이에 사임당 역시 예외는 아니었을 것이라는 게 역사학자자의 공통된 입장이다.

한편 오죽헌·시립박물관 관계자에 따르면 이 그림은 옥산 이우(사임당의 아들)의 종택에 전세되어 오던 것으로 이우의 14세손인 이장희가 〈물소〉와 〈물새〉를 함께 장첩하여 화첩으로 꾸몄다고 한다. 한편 이런 형식의 수묵화는 조선 중기의 김시와 이경윤의 집안에 의해 주로 그려졌다고 한다.

물새

이 그림 역시 앞에서 살펴본 〈물소〉와 함께 『사임당화첩』에 장첩된 수묵화다. 그림 속 물새는 부리가 길고 쭉 뻗어 있다. 그러나 목 부분이 날카롭기보다는 부드럽게 엷은 농도로 몸으로 이어지고 있는 게 특징이다.

또한 새의 눈과 부리 날개 다리는 농묵으로 처리하고, 물결이나 갈대 잎은 평면적으로 표현한 게 특징이다. 그런 가운데 수초 등의 표현은 태점을 반복했는데 이로 인해 서정성이 짙게 묻어난다. 하지만 얼핏 보면 비둘기 같아서 친근하게 느껴진다.

물새 | 사임당, 종이에 먹, 20.2×14.5㎝, 오죽헌 · 시립박물관
농묵으로 처리한 새의 눈과 부리 그리고 날개가 인상적이다.

습작묵매도

사임당이 어렸을 때 습작하던 그림으로 전해지는 수묵화 한 편이다. 원래는 총 열여섯 폭이었으나 현재는 다 남아 있지 않다. 이와 관련, 이언유의 발문에 의하면 사임당의 이종 후손 김성열가에 열여섯 폭의 습작매화도가 전해오고 있었는데 이이의 6세손인 이언유가 두 권으로 분첩해 서로 여덟 폭씩 나누어 가졌다고 전해진다.

그 후 송시열의 8세손인 송근수가 김씨 가에 있던 여덟 폭의 그림 중 두 폭을 가져가는 바람에 여섯 폭이 남게 되었고, 그마저 분첩되어 전해져 왔다고 한다. 이 작품은 서호지(西湖志)라 씌어진 글자 밑에 동(冬)자를 쓴 것으로 보아 책 표지용 그림으로 추측된다.

습작목매도(習作墨梅圖) | 사임당, 종이에 먹, 22.1×14.9cm, 오죽헌 · 시립박물관
사임당은 매화를 즐겨 그렸던 것으로 전해지고 있다.
먹으로 매화를 표현해내는 사임당의 눈썰미가 대단하지 않은가?

竹任堂墨本

西湖志

冬

묵포도도

많은 전문가에 의해서 현대미술의 단순함을 보여주는 것 같다고 칭송받은 사임당의 또 다른 수묵화다. 이 그림은 〈묵포도도〉로 농담을 달리해 화면의 깊이를 만들던 수묵화와는 다소 거리가 멀다는 평가를 받고 있다. 더불어 이런 부분은 사임당이 조선 미술사에서 자신만의 영역을 구축했던 것과 일맥상통한다.

사임당의 〈묵포도도〉를 보자. 포도 줄기가 중앙의 선을 따라 자연스럽게 내려뜨린 채 그 모습을 드러내고 있고, 화목의 하단 부분에는 포도송이와 잎을 배치해서 짜임새 있는 구도를 확립했다. 이 같이 안정된 구도는 차분하면서도 세련된 붓질로 표현된 포도의 풍치를 돋보이게 한다.

또한 담묵으로 풍성한 잎을 표현했고, 엽맥은 농묵의 예리한 필선으로 묘사한 것이 특징이다. 포도 잎뿐만 아니라 포도 알 하나하나에 농묵의 변화를 주어 입체감이 느껴져 놀라울 따름이다. 더 놀라운 것은 이제 막 영글기 시작하는 포도 알과 이미 다 영근 포도 알을 구분지어 표현하였다는 것이다. 사임당의 예리한 관찰력이 여실히 드러나는 대목이다. 포도 알 하나하나까지 섬세하고 정밀하게 표현한 가운데, 줄기 역시 그러하다. 갓 뻗어 나가기 시작하는 줄기와 시간의 흐름을 간직한 줄기 역시 농담을 달리해 표현했다.

이런 부분은 단순히 예리한 관찰력만 있다고 해서 가능한 게 아님을 조심스럽게 주장해본다. 바로 거듭된 관찰, 그러니까 반복적으로 사물을 관찰하는 끈기가 없다면 이렇게 그리기 어렵다는 말이다.

한편, 전문가들에 의하면 조선 초기부터 포도 그림이 그려졌다고 한다. 그 중 포도 그림을 최초로 그렸던 이는 강희안*이라는 화가로 알려졌는데, 안타깝게도 현재 강희안의 포도 그림은 단 한 점도 남아 있지 않다.

또한 포도 그림을 얘기할 때 신잠*이라는 화가를 빼놓을 수 없다. 『패관잡기(稗官雜記)』기록에 의하면 신잠은 묵죽에 뛰어난 재

★ 강희안(1419~1464)
조선 전기의 문인 화가이다.
★신잠(1491~1554)
조선 전기 문인화가로 1519년(중종 14) 기묘사화로 파방되었다.

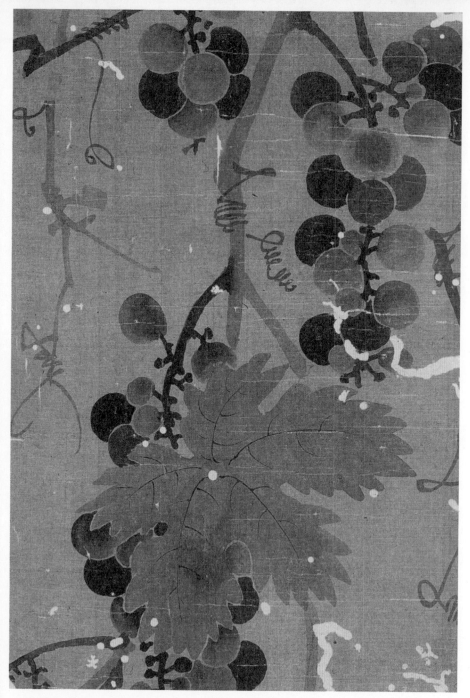

묵포도도 | 사임당, 종이에 먹, 22.1×14.9cm, 오죽헌·시립박물관
율곡은 어머니행장에서 이렇게 기록하고 있다.
"포도 그림을 잘 그려 신묘한 경지에까지 이르렀다" 아마도 모친이 그린 〈묵포도도〉를 보고 한 말이 아닐까?

능을 보였다고 한다. 또한 『연려실기술(燃藜室記述)』에는 묵죽과 포도 그림도 무척이나 잘 그렸다고 기록돼 있다. 그러나 안타깝게도 이런 기록을 뒷받침하는, 그러니까 그의 진작으로 확신할 만한 포도 그림은 현재 남아 있지 않다. 그런 가운데 현재 전해지고 사임당의 포도 그림은 우리나라에서 현존하는 묵포도인 것으로 평가받고 있다. 다만 사임당의 묵포도 그림은 다소 잘린 형태인 것으로 판단돼 적지 않은 안타까움을 자아내기도 한다.

2007년 사임당,
5만원권 화폐 도안인물로 선정되다!

한국은행은 5만원권 도안인물로 사임당을 선정해 엄청난 화제가 된 적이 있었지요. 바로 고액권의 도안인물로 최초로 남성이 아닌 여성이 선정되었기 때문입니다. 한국은행은 도안인물의 선정배경에 대해 1504년 강원도 강릉에서 태어난 사임당은 조선 중기의 대표적인 여성·문화예술인으로서의 커다란 상징성을 갖고 있다고 밝혔습니다. 이번 일을 계기로 여성에 대한 한계와 차별을 극복해가며 시와 글씨 그리고 그림에서 뛰어난 작품을 남긴 사임당은 현모양처라는 왜곡된 이미지를 벗어나 여류 예술가로서의 모습이 널리 알려지기를 바랄 따름입니다.

제4장

문인으로서의 사임당

전서와
초서

　현재까지 사임당 신씨가 남긴 많은 유품이 전해지고 있다. 그
중 하나가 사임당의 필체다. 사임당은 그림도 잘 그렸지만 글씨
도 잘 썼다. 당시 조선 제일로 가는 서예가들이 그것을 본으로 삼
고 연습을 했을 정도였다고 한다. 나아가 사임당 신씨의 관심분
야가 비단 미술에만 있지 않았음을 말해준다.

　상당한 수준의 서체로 많은 이의 추앙을 받았던 사임당 신씨
의 서체. 이같이 16세기 당시에는 산수화와 포도화와 같은 그림
뿐만 아니라 사임당의 글씨 역시 널리 알려졌다. 전해지는 바에
의하면, 1868년 강릉부사로 부임한 윤종의는 사임당이 직접 쓴
글씨를 보고 크게 감동해 그녀의 글씨를 후세에 남기려고까지
했었다고 한다. 이뿐만이 아니다. 그는 사임당 신씨의 글씨를 판
각해 오죽헌에서 그 발문을 적었는데, 그 내용을 살펴보면 다음

사임당 전서 | 사임당, 종이에 먹, 15.7×11.9cm 〈오죽헌·시립박물관〉
둘째 줄 왼쪽부터 안(安), 흔(昕), 여(興), 셋째 줄 왼쪽부터 리(履), 귀(貴),
춘(春)이다. 사임당 특유의 유려하고 섬세한 필치가 잘 드러나 있다. 한눈
에 봐도 깔끔한 필획과 단아하면서도 거침없는 느낌이다.
이는 사임당 신씨만의 독특하고 고유한 품격으로 평가받고 있다.

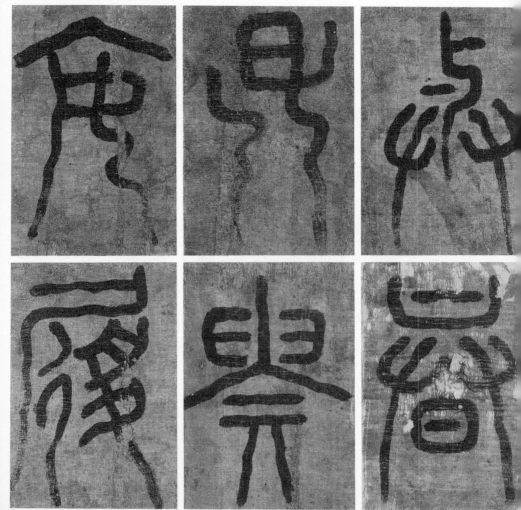

과 같다.

"정성들여 그은 획이 그윽하고 고상하며 또 정결하고 고요하여 사임당 신부인은 문왕의 어머니 태임의 덕을 본받고자 했음을 우러러 볼 수 있다."

여기서 핵심어는 '정결하다'라는 것이다. 이는 표면이 울퉁불퉁하거나 거친 데가 없이 반드럽고 말쑥하다는 것을 의미한다. 윤종의 부사는 이같이 정갈한 사임당의 판본 글씨를 혼자 감상하기 보다는 주변의 지인에게 종종 전달해 조선의 문인들 사이에서 추앙받았던 것으로 전해진다. 윤종의 부사로부터 사임당의 판본 글씨를 받아 본 윤종섭 선비는 윤종의 부사로부터 사임당의 판본 글씨를 받아 보고 이같이 말했다고 한다.

"초서필체가 묘경에 들어 등꽃처럼 예스럽고* 자체의 변화가 구름 같아 마치 하늘에 구름이 비를 만들어 베푸는 조화와 같다."

사임당 전서를 자세히 살펴보면, 붓을 드는 전필에서 동그란

★ 예스럽고 ─────────────────────
옛것다운 느낌이나 흔적을 말한다.

원필세가 명료하고 뚜렷하다. 이러한 특징은 붓을 꺾는 절필에서도 나타난다. 이 외에도 사임당 필법의 특징은 특이한 결구법을 선보인다는 점이다. 이때 나타나는 결구법은 점획에 있어서 한 글자가 시작되는 첫 획을 마치 해서처럼 곧게 처리한다는 것이다. 이런 방식을 통해 사임당 신씨는 자신의 필체를 보다 안정되고 단정하게 구축했다.

> *"사임당 신씨는 자신만의 필체를 구축했다. 가장 큰 특징은 한 글자가 시작되는 첫 획을 마치 해서처럼 곧게 처리했다는 점이다. 이는 사임당 신씨가 일구어낸 새로운 서풍이다."*

조선시대 여성명필가라는 수식어가 전혀 아깝지 않은 사임당 신씨. 이를 두고 한 역사가는 사임당 특유의 섬세함과 예리한 관찰력으로 과거 사대부와는 달리 자신만의 고유한 영역을 일구어낸 당대 최고의 '여류삼절'이라고 말했다. 하지만 우리에게 각인된 사임당 신씨의 주된 이미지는 율곡 선생의 어진 어머니이자 나아가 현명한 아내 그리고 효녀에 국한돼 있다. 역사 속 한 인물의 삶을 살펴볼 때는 지나치게 추앙하거나 왜곡하는 것을 경계하되, 누구의 어머니나 누구의 딸과 아내가 아닌 있는 그대로 바라보는 것 또한 중요하다. 불행 중 다행인 건 그나마 몇 해 전부터 세상에 잘 알려지지 않은 사임당 신씨의 진짜 얼굴이 여러 매체를 통해 알려지고 있다는 점이다. 우리는 기억해야 할 것이다. 사임당 신씨의 진짜 얼굴을 말이다.

> *"진짜 사임당 신씨의 얼굴은 무엇일까? 추측컨대 그녀는 시, 서, 화에 매우 능한 예술가였을 것이다."*

사임당의 흔적은 그녀가 남긴 〈초서병풍〉에서도 찾을 수 있다. 사임당 신씨의 필체 중 〈초서병풍〉은 백미로 손꼽힌다. 작품을 보면 사임당 신씨 특유의 섬세함이 붓 끝에 베어나고 있다. 조선 최고의 명필가인 한석봉*도 그녀의 서풍을 구사하기를 마다하지 않을 정도였다고 한다.

한석봉이 친구 류여장에게 써 준 서첩(보물 1078호) 이 이런 주장을 뒷받침한다. 국립중앙박물관에서 소장하고 있는 이 작품에는 앞쪽에 칠언시 한 수가 쓰여 있다. 여기서 끝나지 않는다. 칠언시에 이어서 총 세 편이 더 쓰여 있다. 세 편의 작품은 왕발*의 〈등왕각서(滕王閣書)〉, 한무제*의 〈추풍사(秋風辭)〉, 이백*의 〈춘

★ 한석봉(韓石峰, 1543~1605)
조선 중기 학자이자 서예가로 본명은 한호(韓濩)이고 석봉(石峰)은 호다.
★ 왕발(王勃, 647~674)
수나라 왕통의 후손이자 당나라 시인이다.

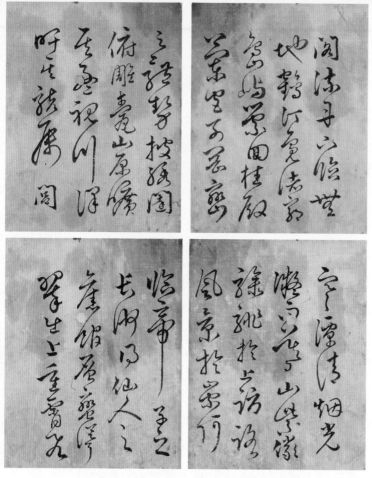

한석봉이 친구 류여장에게 써 준 서첩 | 한석봉, 24.8×35.8cm 〈국립중앙박물관〉

한석봉의 초서는 기본적으로 왕희지체를 바탕으로 하고 있다.

왕희지체는 중국 남북조 시대의 남조와 동진에서 활동한 서예가인 왕희지*의 필체를 말하는데,

그는 단순한 정치가가 아닌 일종의 예술가로 평가받는다.

바로 그가 중국 서체 발달에 있어서 가장 큰 영향력을 끼치는 인물이기 때문이다.

그도 그럴 것이 왕희지의 등장으로, 서체는 단순한 문자 기록이 아닌 예술의 하나로 본격화됐으며,

이를 통해 많은 이가 글씨와 그림을 하나로 보기 시작했다.

★ 왕희지(王羲之, 307년~365년) ─────────────

중국 남북조 시대에 활동한 서예가다.

왕희지 초상

야연도리원서(春夜宴桃李園序)〉이다.

　한석봉은 이런 왕희지체와 더불어 사임당 신씨의 서체의 영향을 가장 많이 받은 것으로 알려졌다. 그러고 나서 한석봉은 사임당 신씨처럼 자신만의 서풍을 구축해나갔다. 그렇다면 사임당 신씨는 당시 어떤 서체로부터 영향을 받았을까. 정확하게 알 수는 없지만 조선 초기 초서풍 서체와 사임당의 그것을 비교해보면 어

★ 한무제(漢武帝) ─────────────────

전한의 제7대 황제(재위기간 : B.C.141-B.C87)다.

★ 이백(李白, 701~762)

당나라 현종 때의 천재 시인이다. 호는 청련거사(淸蓮居士)이다.

자암 김구가 쓴 두보시 | 김구, 31.5×21.0cm 〈국립중앙박물관〉
충남 예산 출신인 김구 선생은 조선 중종 때 학자이자 서예가로,
인수체(仁壽體)라는 독특한 글씨풍을 남겼다. 김구 선생의 해서는 육조시대 종요(鍾繇)와
왕희지(王羲之)의 서예, 즉 위진시대의 옛법을 기초로 해서 글씨의 묘를 얻었다.
나아가 큰 글씨 초서는 명(明)의 장필(張弼)과 이동양(李東陽)의 초서풍의 영향을 받은 것으로 알려졌다.

느 정도 추측이 가능해진다.

조선 초기 널리 유행한 서풍은 중국 명대 중기의 초서풍을 수용했으며 그 중 명나라 조맹부*의 송설체가 주류를 이루었다고 한다. 그러나 기묘사화 이후 상황이 달라진다. 왕희지의 서체가 기묘사화 때 화를 입은 기묘명현을 중심으로 널리 퍼진 것이다. 이때 가장 대표적인 인물이 조선 전기 서예가인 자암(自菴) 김구* 선생이다. 현존하는 김구 선생의 작품 중 당나라의 두보의 절구 중 하나를 옮겨 적은 게 가장 유명하다. 이 큰 글씨의 초서는 박력이 넘치는 필획과 동감(動感)이 크며, 필체의 모양새는 마치 춤을 추는 듯하다.

당시 사임당의 부친 신명화가 김구를 비롯해 기묘명현인 이들과 교류를 하는 등 친분이 두터웠다. 이를 통해 사임당 신씨가 기묘명현들이 추구한 왕희지 서체에 영향을 받았을 것으로 조심스럽게 추측해본다. 다시 말해 사임당의 초서풍이 정확히 어느 서풍을 기본으로 따랐는지 분명하지 않지만 어느 정도 적잖은 영향을 받았을 것으로 보인다.

★ 조맹부(趙孟頫, 1254년~1322년) ————————————
중국 원나라 때의 화가이자 서예가로 호(號)는 송설(松雪)이다.
★ 김구(金絿, 1488년~1534년)
안평대군(安平大君, 1418년~1453년), 양사언(楊士彦, 1517년~1584년), 한호(韓濩, 1543년~1605년)와 함께 조선 전반기의 4대 서예가의 한 명이다.

이처럼 우리는 그녀가 세상에 남기고 간 흔적을 통해 그저 추측만을 해볼 뿐이다. 그러나 이런 탐색 과정은 충분히 가치가 있다. 설령 몇 조각의 글씨가 남았다 한들, 수백 년이 지난 지금까지도 그녀의 고상한 기백이 오롯이 전해지고 있으니 말이다.

> *"조선 초기 초서풍의 서체는 명나라의 왕희지 서체로부터 큰 영향을 받았다. 사임당 서체 역시 그것으로부터 적잖은 영향을 받았을 것으로 보인다."*

안타깝게도 사임당 신씨의 경우, 그 명성에 비해 후세에는 그 흔적을 찾아보기 힘들다. 현재 고작 초서 여섯 폭과 해서 한 폭만이 남아 있을 뿐이다. 19세기 말 빈센트 반 고흐의 유화작품이 900여 점에 달하는 걸 보면 사임당의 그림과 글씨에 관한 작품 수가 얼마만큼 소량인지를 어느 정도 가늠할 수 있다. 그리 많지 않은 그녀의 작품 중에서 〈초서병풍〉은 사임당 신씨의 서풍을 있는 그대로 엿볼 수 있는 작품이다. 〈초서병풍〉에 대한 이야기는 다음 부분에서 이어진다.

사임당은 중국 북송의 한 학자의 시를 직접 옮겨 적기도 했다. 앞서 본 〈초서병풍〉처럼 종이에 먹을 이용했지만 보존상태가 훨씬 좋은 편이다. 하여 사임당만의 독자적인 필체가 확연히 드러나 있다.

율곡을 대현으로 키운 어진 어머니의 귀감으로 오늘 날에도 많은 사람들의 존경을 받고 있는 사임당. 하지만 그녀의 진짜 얼굴은 누구의 아내이자 어머니가 아닌, 그녀가 남긴 작품에서 보다 환하고 영롱하게 빛나고 있다.

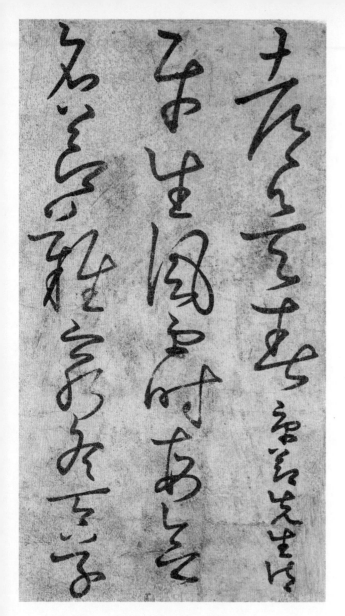

사임당 초서 | 사임당, 종이에 먹 〈오죽헌 · 시립박물관〉
사임당이 중국 북송의 학자 소옹(1011~1077)의 시를 옮겨 적은 것이다.

모두가 봄이로구나
평생에 비, 바람 몰아칠 때 늘 말하였지,
명예와 절개를 지키기 어렵다고
겨울이 다하여 백초가……
〈소강절 선생의 시〉

6폭 초서병풍
(사임당이 친필로 쓴 오언절구)

사임당 신씨는 글씨에 있어서도 자신만의 새로운 서풍을 구축해갔다. 하여 조선시대 이름난 선비들이 이런 사임당을 두고 '여중군자'요, '여류선비'라고 칭송하는 데 주저하지 않았다. 우리 역사상 사대부가 여성을 두고 이같이 언급한 예는 사임당 신씨 외에 또 누가 있을까. 아마도 없을 것이다. 사대부인 선비들이 그토록 추앙하는 데 거침이 없었던 사임당 신씨. 그녀가 남긴 작품 중 여섯 폭으로 이루어진 〈초서병풍〉은 단연 백미로 꼽힌다.

〈초서병풍〉은 사임당이 친필로 쓴 여섯 폭의 오언절구로 모두 당나라 시인들이 지은 것이다. 글씨풍의 점획과 자형이 간결하고 짜임이 단아한 게 특징이다. 얼핏 봐서는 좀처럼 잘 느껴지지 않는다. 여러 번 들여다봐야 비로소 사임당의 친필이 눈에 들어온다. 차분하면서 깔끔한, 동시에 전체 분위기를 관통하는 어떤 힘과 품격이 느껴진다. 모순적이게도 이 병풍에서는 단아하면서도 활달하고 거침없는 필법이 보인다. 이것이야말로 사임당 신씨의 독자적인 서풍이 아닐까 싶다. 나아가 이를 바탕으로 '여류선비'라는 타이틀을 얻게 됐을 것이다.

> "사임당은 조선에서 제일가는 여류선비였다. 서예가 한석봉을 비롯해 많은 사대부가 초서병풍의 글씨를 보고 그녀의 서풍을 구사하기를 주저하지 않았다."

사임당 특유의 섬세함이 붓끝에서 베어나는 이 병풍은 현재 강원도 유형문화재 제41호로 지정돼 있다. 병풍에 나타난 사임당의 서풍은 조선 중기 초서의 대가로 널리 알려진 막내아들 이우를 비롯해 시와 글씨로 당대를 주름잡던 이들에게 이어졌다. 옥봉 백광훈, 송호 백진남 부자 등이 그 주인공이다. 그들은 사임당의 서풍을 이어 받아 크게 유행시켰다. 이처럼 사임당의 초서풍은 16세기 중·후반과 17세기 초에 걸쳐 활동한 초서명필들의 글씨에 지대한 영향을 끼쳤다. 사임당은 독특하고 신묘한 경지에까지 들어간 그림을 비롯해 선비에 가까운 글씨에 있어서 새로운 서풍을 구축했던 셈이다.

한편, 알려진 바에 의하면 이 병풍은 사임당의 이종손녀가 최씨 문중으로 시집을 올 때 가지고 온 것이라고 한다. 당시 강릉부사 이향달은 〈초서병풍〉이 이웃에 사는 사람에게 넘어간 것을 전해 듣고 도로 찾아왔다고 한다. 그 후 강릉시 두산동의 최돈길 가에서 전해 내려오던 것을 1971년 강릉시가 인계받아 율곡기념관에 보관하게 됐고, 지금까지 쭉 전해지고 있다.

> "사임당이 친필로 쓴 여섯 폭의 오언절구 〈초서병풍〉. 사임당
> 특유의 섬세함이 붓끝에서 베어나는 이 병풍은 모두 여섯 폭으
> 로 구성돼 있다."

현재 〈초서병풍〉에 쓰인 사임당의 글씨가 각판되어 오죽헌에 있다. 이 각판은 고종 때의 강릉부사 윤종의가 병풍의 글씨를 베끼어 따로따로 각판을 만든 것으로 바로 이 각판에서 많은 탁본*을 만들어졌다. 당시 윤종의가 판각을 만든 데에는 그럴 만한 이유가 있었는데, 바로 고종 6년(1869) 때 일어난 화재사건이 원인이다.

당시 〈초서병풍〉을 보관 중인 최씨 집에 불이 나면서 온 집안이 화염에 휩싸이게 된다. 이때 여든이라는 노령에도 불구하고 집 주인인 최전의 부인되는 사람이 이 병풍을 끌어내고 숨겼다

★ 탁본(拓本)

돌이나 나무, 기와 그리고 금속 따위에 새겨진 그림이나 문자를 베껴내는 행위를 뜻한다.

한다. 이 사건을 계기로 부사 윤종의는 또다시 닥칠 것을 대비해 판각을 만든 것이다. 이와 관련해서 이 병풍에는 부사의 발문이 따로 붙여 있는데, 바로 병풍이 전해 오게 된 그 연유를 적고 있다. 윤종의의 노력이 없었더라면 아마도 우리가 〈초서병풍〉을 만나게 되는 일은 없었으리라 생각된다.

현재 사임당의 초서병풍은 강릉 오죽헌 경내에 있는 율곡기념관에 보관돼 있다. 우리나라 어디서든 몇 시간만 차를 타고 가면 강릉에 갈 수 있다. 심지어 무박으로도 가능하다. 시간적 여유가 된다면 강릉으로 역사여행을 떠나보자. 깊고 푸른 동해바다의 힘찬 기운과 함께 역사 유적지인 오죽헌을 둘러보면서 사임당의 〈초서병풍〉까지 직접 눈으로 만나보자. 만약 바쁜 일정으로 강릉까지 오고갈 시간조차 없다면 수원박물관을 추천한다. 바로 이곳 2층 서예박물관에 사임당의 〈초서병풍〉 복제품이 전시되어 있기 때문이다.

한 사람의 글씨에는 그의 인품이 담겨있다는 말이 있다. 예로부터 선인들은 마음이 곧으면 그 곧은 마음이 글씨에 나타난다고 하여 글씨를 보고 그의 성품의 어느 정도 짐작했다. 그렇기에 훌륭한 글씨를 감상하는 것만으로도 인생의 참맛이오, 정신수양의 한 방법으로 통했다. 그것은 필경 우리가 좋은 음악을 감상할 때의 즐거움이나 기쁨과 일맥상통할 것이다. 제아무리 세월이 흘러도 명곡은 사람들이 계속 찾는다. 글씨나 그림도 마찬가지

다. 이어지는 챕터에서 사임당만의 독자적인 서풍이 드러나 있
는 작품을 좀 더 살펴보자.

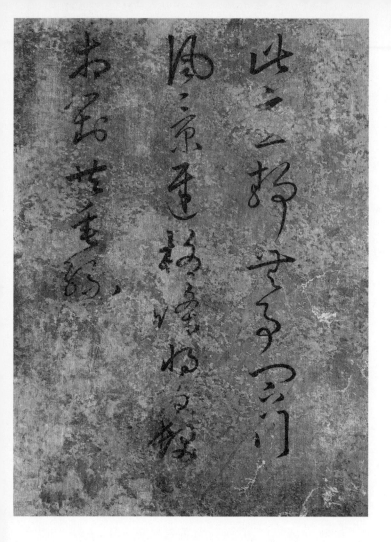

사임당의 초서병풍 제1폭 | 사임당, 종이에 먹 〈오죽헌 · 시립박물관〉

비의정무사 폐문풍경지(比意靜無事 閉門風景遲)
유조장백발 상대공수사(柳條將白髮 相對共垂絲)

이내 뜻 고요하여 일없이 지내는데 / 문 닫고 앉았으니 봄날조차 더디 가네
휘늘어진 버들가지 백발이 되면 / 마주보며 흰 머리 드리울 테지

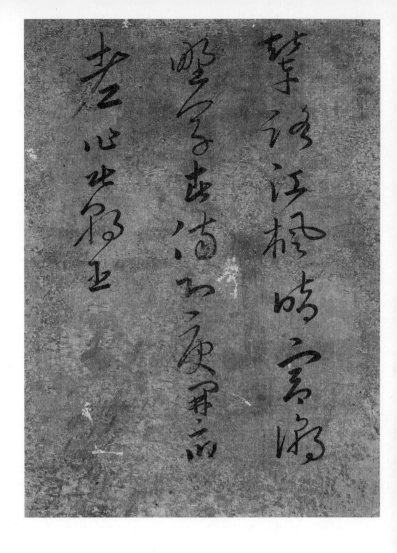

사임당의 초서병풍 제2폭 | 사임당, 종이에 먹 〈오죽헌·시립박물관〉

연로강풍음 한호야초춘(輦路江楓音 寒湖野草春)
상심유개부 노작북조신(傷心庾開府 老作北朝臣)

행차 길 강가에는 단풍이 우거졌고 / 대궐 도랑 곳곳에 봄풀이 푸르렀네
유개부 생각자니 마음이 아픈데 / 늙어서 북조의 신하가 되었단 말인가

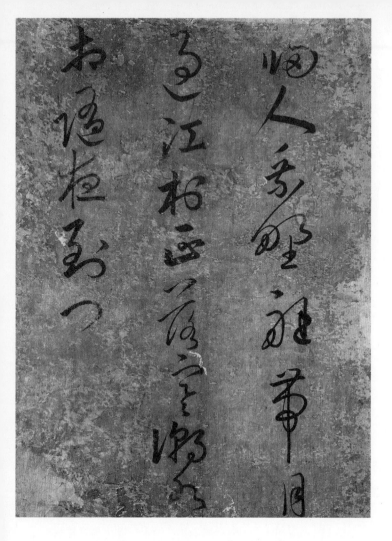

사임당의 초서병풍 제3폭 | 사임당, 종이에 먹 〈오죽헌·시립박물관〉

귀인승야정 대월과강촌(歸人乘野艇 帶月過江村)
정락한조수 상수야도문(正落寒潮水 相隨野到門)

돌아가는 사람 거룻배를 타고 / 달빛 띠고 유유히 강마을 지나네
바로 지금 조수가 들어오는 때라서 / 물 따라 한 밤이면 문 앞까지 가겠지

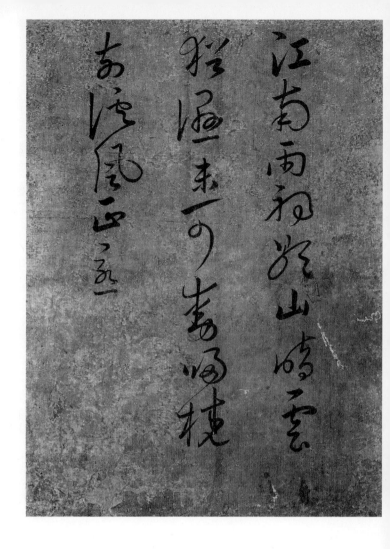

사임당의 초서병풍 제4폭 | 사임당, 종이에 먹 〈오죽헌 · 시립박물관〉

강남우초헐 산암운유습(江南雨初歇 山暗雲猶濕)
미가동귀요 전계풍정급(未可動歸橈 前溪風正急)

강남은 비 개었는데 / 산은 컴컴하고 구름 아직 젖었구려
노를 저어 돌아가지 못할 것 같네 / 앞 시내에 풍랑이 거센 걸 보니

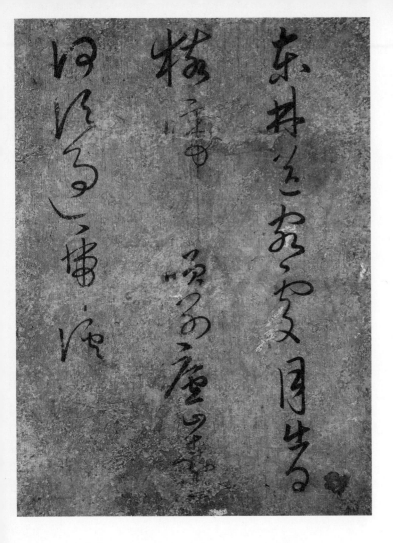

사임당의 초서병풍 제5폭 | 사임당, 종이에 먹 〈오죽헌 · 시립박물관〉

동림송객처 월출백원제(東林送客處 月出白猿啼)
소별려산원 하수과호계(笑別廬山遠 何須過虎溪)

동림사는 오가는 손 맞고 보내는 곳 / 달이 뜨면 흰 잔나비도 운다네
담소하다 여산이 멀어지는 줄 모르고 / 아뿔사 호계를 지나쳤소 그려

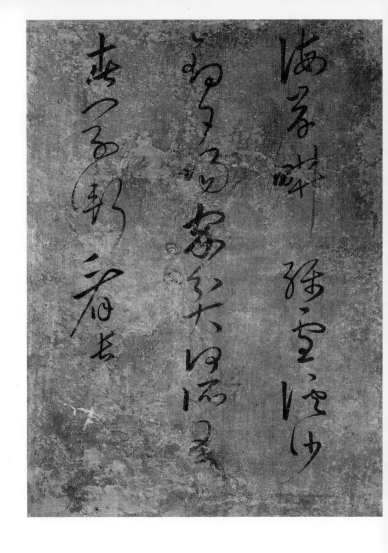

사임당의 초서병풍 제6폭 | 사임당, 종이에 먹 〈오죽헌 · 시립박물관〉

해안경잔설 계사조석양(海岸耕殘雪 溪沙釣夕陽)
가빈하소유 춘초점간장(家貧何所有 春草漸看長)

바닷가 언덕에 남은 눈을 갈다가 / 시냇가 둔덕에서 석양을 낚지요
집안에 가진 거 뭐가 있겠소 / 봄풀만 점점 더 자라고 있지요

**2001년 추가로 발견된
사임당의 매화도 2폭이 전시되다!**

과거 사임당이 그린 '습작 매화도' 2폭이 최근 새로 발견돼 화제가 된 적
이 있었습니다. 이로 인해 16폭으로 알려진 그녀의 '습작 매화도'는 현재까
지 10폭이 발견됐습니다. 이번에 발견된 작품은 8폭 병풍의 한 면에 아래,
위로 나란히 2폭이 붙어 있는 습작 매화도입니다.

이에 강원 강릉시는 유물자문위원회를 개최해 사임당의 습작 매화도 2폭
과 초서 목판탁본 5폭, 1868~1871년 강릉부사를 지낸 윤종의의 시문 8폭
을 모두 2,000만원에 구입, 오죽헌박물관에 전시키로 했습니다. 한편 오
죽헌박물관 권혁문 관장에 의하면 이번에 발견된 사임당의 매화도 습작은
10, 11세 전후에 그린 것으로 추정된다고 합니다.

제5장

사임당의 자녀들

사임당,
자신만의 교육방식으로
자녀를 이끌다

　사임당은 남편 이원수와의 사이에 칠남매를 두었다. 그녀는 자신만의 교육방식으로 일곱 명이나 되는 자녀들을 하나같이 잘 키워냈다. 우리에게 잘 알려진 대표인물이 장원급제를 아홉 번이나 한 대학자 율곡 이이(사임당의 셋째 아들)다. 이 외에도 사임당은 조선시대 최고의 여류화가로 명성을 날린 맏딸 이매창과 천재 예술가로 이름을 날린 막내아들 이우, 그리고 41세라는 늦은 나이에 과거급제에 성공한 장남 이선 등, 일곱 명의 자녀를 훌륭하게 키워냈다. 덕분에 사임당은 자식들을 조선 최고의 학자와 예술가로 키워낸 자녀교육 전문가로도 평가받는다.

　남성중심주의의 조선사회에서 예술적·학문적 재능만으로 뛰어난 인재로 평가받았던 사임당. 그녀에게 특별한 교육비법이라도 있었던 걸까. 이와 관련해 사임당의 자녀교육에 대해 다각도로 해석해 필요가 있다. 바로 사임당의 예술성과 지성이 그대로 그 자녀들에게 이어졌는지에 대해 해석하는 것 또한 사임당의 일대기를 알아보는 데 중요한 자료가 될 수 있기 때문이다.

전해지는 사료에 따르면 사임당의 경우, 집안에서는 효(孝)와 형우제공(兄友弟恭)을 하도록 가르쳤다고 한다. 집 밖에서는, 즉 국가에서는 충성을 다 하도록 가르치고, 여자 형제들에게는 여유사행(女有四行), 부덕(婦德). 부언(婦言), 부용(婦容), 부공(婦功)과 함께 학예(學藝)를 닦도록 훈계(訓戒)하였다. 오늘날에도 자녀교육은 그 어느 누구보다도 부모의 힘이 매우 크다. 무한경쟁의 시대에서 부모라면 누구나 내 자녀가 남에게 결코 뒤지지 않은, 사회에서 필요로 하는 뛰어난 구성원이 되기를 바란다. 그 사이 사람 됨됨이에 대한 교육은 뒤처지게 된다.

그러나 사임당의 자녀교육 방식에서는 그 무엇보다 인간적인 사람을 길러내는 것을 가장 중요시 했다. 사임당은 좋은 엄마가 되기 위해 무조건 자식을 위해 희생하지 않았다. 오히려 자신의 예술성을 펼치는 데 집중하고 누구보다 자신의 미래를 설계하고 구축해갔다. 사임당은 왜 그랬을까? 아마도 좋은 엄마가 된다는 것은 자식에게 '올인'하지 않고 자신에게 투자하는 것을 알고 있었을 터. 엄마도 인간이기 때문이다. 사임당은 그렇게 사는 것이야말로 사람답게 사는 본모습을 몸소 자식들에게 보여주는 거라고 생각했을지도 모른다.

다시 말해서 사임당은 고정관념의 틀을 부쉈던 것이다. 그녀가 직접 성공의 기준을 만들었다. 엄마가 행복해야 비로소 자식들도 행복할 수 있다는 것을 알고 있었을 것이다. 때문에 사임당은 자신만의 인생을 묵묵히 갔다. 자신이 하고 싶은 것을 했고, 자신이 할 수 있는 것과의 접점을 찾았던 것이다. 사임당의 교육방식은 남달랐던 것이다. 그녀의 이런 예술적 · 학문적 능력으로 사임당은 이미 살아 있을 때부터 남성중심주의의 조선사회에서도 뛰어난 인재로 평가받았다. 그렇기 때문에 '사임당 신화' 가운데 하나인 자녀교육도 다른 각도에서 해석할 필요가 있다. 오늘 날 많은 교육전문가는 강조하기를 사임당은 무엇보다 자신을 모두 희생하면서 자녀를 100% 지원하는 '자아상실형 교육'을 펴지 않았고, 오히려 스스로 최선을 다해 최고의 결과를 내는 '자아실현형 교육'으로 자녀들을 이끌었다고 했다. 앞서 말한 부분과 일맥상통한다.

그 결과 셋째 아들 이이는 정치가이자 사상가 그리고 조선 성리학의 대가로 성장할 수 있었다. 특히 율곡 이이는 평범한 정치가로서의 삶을 거부하고 보다 개혁적인 정치제도의 필요성을 강조했다. 그의 개혁성은 서자차별을 철폐하는 제도를 도입하고, 외부침략을 대비하는 '10만 양병론' 주장 등에서 여실히 드러난다. 또한 장녀 이매창은 사임당의 예술성을 그대로 물려받아 그 재능을 펼치는 데 주저하지 않았다.

장녀
이매창

맏딸 이매창(李梅窓, 1529~1592)은 사임당 신씨와 이원수의
4남 3녀 중 맏딸이다. 조대남과의 사이에 3남 3녀를 두었다. 매
창은 어머니의 가르침을 받아 여성의 규범을 따랐으며 재주와
학식이 깊었던 것으로 전해진다. 『율곡전서』에 정홍명의 〈기암
잡록〉의 글을 인용해 수록한 가사가 있는데, 여기에 이이가 누나
매창의 도움을 얻었음을 알 수 있다. 그 내용은 다음과 같다.

율곡이 벼슬에 오른 뒤, 국가에 중요한 일이 있을 때 매창에게
물었다. 계미년(1583) 북쪽에 변란이 있었는데 병조판서였던 율
곡이 군량이 넉넉하지 않아 걱정하였다. 매창이 "지금 제일 급
한 일은 반드시 사람들의 마음이 즐겁게 따를 것을 생각해서 행
해야 순조로울 것이다. 서울이 재주는 있으나 벼슬길이 가로막

힌 지 이미 백 년이 넘어 모두 울분을 품고 있다. 지금 만약 그들에게 곡식을 내게 해 벼슬길을 터준다고 허락한다면 금방 군량은 마련할 수 있을 것이다."라고 말하였다. 율곡이 탄복해 즉시 그렇게 행하고자 위에 청하였다.

- 『율곡전서』 -

이 기록에서 나온 것처럼 매창은 총명했다. 사회를 바라보는 매창의 시각은 당대 평범한 아녀자의 안목이 아니었다. 전해지는 바에 의하면 동생 율곡 이이에게 군량미를 확보할 방법을 제안할 정도로 총명하였고, 이에 율곡이 크고 작은 일이 있으면 매창에게 자문을 구하였다'는 신명규의 「조대남 묘지명」의 기록은 이를 뒷받침해준다.

또 사임당의 막내아들 이우의 9대 후손 이서는 매창의 지혜로움뿐 아니라 예술적 재능에 대해서도 언급하였다. 그는 『가전서화첩발』에서 '매창은 부녀자 중의 군자다. 일찍 어머님의 교훈을 받들어 여자의 규범을 좇았고 또 그 재주와 학식이 보통 사람보다 지나쳐 깊은 지혜와 원리를 가졌던 이라 세상에 전하되(중략) 요즈음 우연히 선조의 옛 문적을 뒤지다가 수백 년 뒤에 문득 그 끼친 필적을 보매 시의 운치는 청신하며 그림 솜씨는 정교하여 그야말로 이른바 '이 어머님에 이 딸이 있다'고 기록했다.

이 기록을 통해 사임당의 장녀 매창은 지혜롭고 총명했을 뿐 아니라, 그림 솜씨 또한 뛰어났음을 알 수 있다. 그러나 안타깝게도 매창의 그림 역시 사임당의 그것처럼 알려진 작품의 수는 많지 않다. 가장 대표적인 매창의 작품으로는 『매창화첩』이라는 표제를 달고 있는 화첩을 꼽을 수 있다.

이 화첩에는 〈참새〉〈달과 새〉〈참새와 대나무〉〈설경과 새〉〈연무 속의 매화〉 등 새를 소재로 한 서정성 짙은 그림들이 실려 있다. 여기서 〈참새〉는 나뭇가지에 앉은 두 마리의 참새를 소재로 한 그림이다. 한 마리는 조는 듯 머리를 깃털 속에 박고 있고, 다른 한 마리는 머리 위에서 움직이고 있는 벌을 올려다보고 있다.

다음으로 〈달과 새〉를 한 번 들여다보자. 이 작품의 시간적 배경은 가을밤이다. 밤하늘에는 휘영청 달이 떠 있는데, 그 아래로 먼 곳을 바라보고 있는 기러기의 모습이 인상적이다. 〈연무 속의 매화〉는 줄기가 가려질 정도로 짙게 깔린 연무 속에서도 의연히 꽃을 피운 매화나무를 그렸다. 서정성이 짙은 이 작품은 사계화조도와 그 구성이 흡사하다는 평가를 받고 있다. 이를 바탕으로 〈참새〉〈참새와 대나무〉〈달과 새〉〈설경과 새〉가 각각 봄, 여름, 가을, 겨울을 나타낸 것으로 추론할 수 있다.

그 밖에 매창의 작품으로 〈묵매도〉가 있다. 이것은 두 종류가 남아 있다. 첫 번째는 이우의 〈국화도〉와 함께 나란히 묶여 있는 〈묵매도〉다. 그 그림을 보면 끝이 부러진 노간(老幹)이 상단과 아래로 거칠게 뻗어 있다. 그 사이사이로 잔가지가 나와 있는데 자세히 들여다보면 꽃이 피었음을 알 수 있다.

또한 나뭇가지 부분은 심심하지 않도록 농묵의 이끼 점과 담묵의 가시로 약간의 변화를 주었다. 반면 꽃모양은 실물 그대로 그리기보다 함축적으로 나타내고 있다. 마지막으로 나무줄기에 비백법(飛白法)*을 구사해 속도감이 잘 나타나 있다.

반면에 또 다른 〈묵매도〉는 전형적인 조선 중기의 묵매양식을 그대로 보여준다. 이 묵매도에서는 절지법(折枝法)*으로 표현된 수간(樹幹) 위로는 곧게 뻗은 가지가 솟아 있다. 매화꽃과 봉오리가 매달려 있는 모습이 아주 자연스러우며 고매한 기품까지 느껴진다.

이처럼 장녀 매창은 사임당의 자녀들 중 모친의 예술적 재능을 그대로 계승했다. 매창은 일반적인 현모양처라기보다 오히려 당당한 여성이었던 모친 모습을 쏙 빼닮았다. 사임당의 막내아들인 이우 역시 매창과 비슷하다. 이우에 대한 이야기는 다음 챕터에서 계속 이어진다.

★ 비백법(飛白法)
원래 한자 서예에서 쓰는 용어로 글자를 쓸 때 필획 속에 스치듯이 비치는 기교의 수법을 말한다.

★ 절지법(折枝法)
손 가운데 손가락에 강약을 조절해 그림을 그리는 것을 말한다.

매창화첩 – 참새 | 이매창 〈오죽헌 · 시립박물관〉

이 화첩에는 〈참새〉〈달과 새〉〈참새와 대나무〉〈설경과 새〉〈연무 속의 매화〉로 명명되는
다섯 점의 수묵화가 장첩돼 있다.
그 첫 번째가 〈참새〉다.

매창화첩 – 달과 새 | 이매창 〈오죽헌 · 시립박물관〉

매창화첩 - 참새와 대나무 | 이매창 〈오죽헌·시립박물관〉

매창화첩 - 설경과 새 | 이매창 〈오죽헌 · 시립박물관〉

매창화첩 - 연무 속 매화 | 이매창〈오죽헌 · 시립박물관〉

묵매도 | 이매창
〈오죽헌 · 시립박물관〉

묵매도 | 이매창, 강원도유형문화재 제12호 〈오죽헌 · 시립박물관〉

막내아들
이우

이원수와 사임당의 칠남매 중 넷째 아들인 이우는 조선 중기 서화가이다. 그는 이매창 못지않게 당대 사대부로부터 그 예술성을 인정받았는데, 어린 시절부터 재주가 뛰어나고 어진 성격 때문에 사임당 부부의 사랑을 크게 받았다. 1567년 진사시에 합격하였고 그 후 괴산·고부군수를 거쳐 군자감정에 이르렀다. 서화가로서 재능도 뛰어났지만 법과 행정 그리고 음악에도 지식이 해박하였다. 시(時), 서(書), 화(畵), 금(琴)을 잘한다고 하여 선산(善散)사람들은 그를 4절이라고 불렀다고 한다.

이우는 어렸을 때부터 사임당의 서체와 화풍에 큰 영향을 받았다. 모친의 작품을 있는 그대로 모방하며 예술성을 키웠던 것이다. 그가 열다섯 살에 쓴 〈초서-귀거래〉는 사임당 초서와 비슷하다.

이우 초서 | 이우 〈오죽헌 · 시립박물관〉
사임당의 막내아들 이우가 송지문의 시
「두심언을 보내며」와 「소주를 일찍 떠나며」를 초서로 쓴 것이다.

「두심언을 보내며(別杜審言, 별두심언)」   「소주를 일찍 떠나며(早發韶州, 조발소주)」

臥病人事絶   綠樹秦京道
嗟君萬里行   靑雲洛水橋
河橋不相送   故園長在目
江樹遠含情   魂去不須招

병으로 누워 사람의 일 끊었는데   푸른나무 장안길에 우거지고
아, 그대가 만리길 떠난다네   낙수교에 파란 구름 떠 있네
하교에서 서로 전송하지 못하니   고향 동산 오래도록 바라보니
강가 나무도 멀리 정을 머금네   넋이 나가 부르지도 못하네

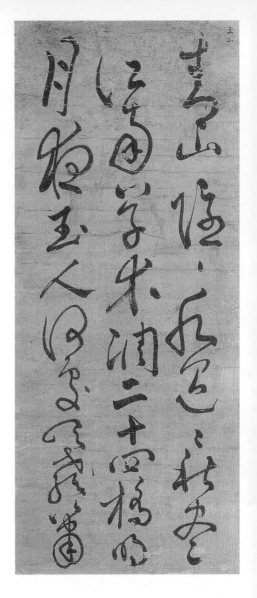

이우 초서 | 이우 〈오죽헌 · 시립박물관〉

사임당의 막내아들 이우가 만당(晩唐) 시인 두목(杜牧)이 쓴 칠언절구 「기양관판관」을 쓴 것이다.
섬세하기보다 호방한 시로 명성을 날린 두목의 작품이 자연스러우면서 멋스런
이우의 필치와 만난 것이 특징이다.

이처럼 이우는 글씨에 재능이 있었다. 조선 후기 성리학자 송시열은 이우의 재능을 높이 평가했다. 송시열이은 이우의 서체를 칭찬하면서 다음과 같은 기록을 남겼다.

> "옥산(玉山)*의 글씨는 정묘하고 웅건하여 용과 뱀이 날아올라가는 것 같아 그 글씨를 얻는 자는 값진 보석보다 더 귀중히 여겼다."
>
> - 송시열『옥산시고서』-

이우는 그림에도 재능이 있었다. 특히 사임당의 화풍을 따라 곧잘 그림을 그렸다. 특히 초충 · 매화 · 포도 등을 잘 그렸으며 현재 〈설중매죽도〉〈포도도〉〈수과초충도〉〈노매도〉 등의 작품이 남아 있다. 가장 대표적인 이우의 화첩은『옥산화첩』으로 여기에는 다소 거칠고 대담한 이우의 필선이 잘 드러나 있다.

『옥산화첩』에 수록된 그림 중 〈가지〉는 선염으로 표현한 지면 위로 한 그루의 가지와 방아깨비를 그린 초충도다. 〈게〉는 위아래로 휘어진 갈대를 그린 다음에 그 사이로 다리를 벌린 채 기어가는 게의 모습을 가는 필선으로 세심하게 표현하였다.

★ 옥산(玉山)
사임당의 막내아들인 이우의 호다.

옥산화첩 | 이우 〈오죽헌 · 시립박물관〉

이 화첩에는 〈가지〉〈게〉〈매화〉〈대나무〉〈포도〉 그림이 수록돼 있다.

묵포도도 | 이우 〈오죽헌 · 시립박물관〉

이우가 그린 묵포도도의 가장 큰 특징은 여백을 넉넉하게 남겨둔 것이다.
또한 사임당의 화풍을 계승해 포도 열매는 담묵과 농묵을 사용해 익어가는 열매의 모습을 나타내었다.

국화도 | 이우 〈오죽헌 · 시립박물관〉

이매창의 〈묵매도〉와 같은 화첩에 수록돼 있다.

한편 〈매화〉는 가로로 누운 나무줄기에서 나온 잔가지에 꽃을 피운 모습을 나타냈고, 〈대나무〉에는 명암의 변화를 거의 주지 않은 채 거친 비백으로 담담하게 그린 것이 특징이다. 반면 포도는 변화를 보여주기 위해 엽맥과 넝쿨손은 농묵으로, 잎은 담묵으로 철했다.

셋째아들
이이

　사임당은 그녀가 남긴 작품보다 율곡 이이의 어머니로 먼저 이름이 알려졌다. 율곡을 낳고 길러 최고의 학자로 만든 그녀의 교육이 현재까지도 많은 이들의 귀감이 되고 있는데, 사임당의 자녀 중 율곡 이이는 사임당의 천재성을 가장 많이 이어받은 자녀 중 한 사람이다. 그렇다면 율곡 이이란 어떤 인물이었는지 좀 더 자세히 알아보자.

　자는 숙헌, 호는 율곡. 강릉 북평촌 외가에서 이원수와 사임당의 칠남매 중 셋째 아들로 태어났다. 경사에 통하고 시문과 서화에 뛰어났던 어머니 사임당에게 가르침을 받았다. 7세에 진복창의 사람됨을 평한 〈진복창전〉을 지었고, 8세에 〈화석정시〉를 짓는 등 어려서부터 문학적 재능을 드러냈으며 13세에는 진사 초시에 합격했다.

16세에 사임당이 별세하였는데 이는 이이 생애에 큰 전기가 된 것으로 알려졌다. 어머니의 시묘를 마친 19세에 금강산에 들어가 불교를 공부한 이이는 그의 학문영역을 더욱 넓히는 데 주력했다. 하지만 다음해 하산해 이이는 유학에 전념하였다. 그러다가 22세에는 부부의 연을 맺고 딸 하나를 얻었으나 어려서 잃었다. 그러다가 둘째 부인 사이에서 뒤늦게 아들 경정을 얻었고 셋째 부인 이씨에게서 아들과 딸을 얻었다.

23세에는 이황을 만나 학문을 토론하였는데, 이황은 이이가 사람됨이 명랑하고 시원스러우며 지식과 견문이 넓고 학문에 뜻이 있으니 덕을 닦고 사람이 될 것으로 보았다. 그리고 그 해 겨울 응시한 문과 별시에서 천인합일설을 주장한 〈천도책〉을 지어 장원에 이른다.

> "당시 시험관들이 이이의 책문을 보고 '우리가 며칠 동안 생각해서 쓴 것인데 이렇듯 짧은 시간에 이와 같은 대책을 쓰다니 참으로 천재다'라고 하였다고 한다."

그 후 이이는 승승장구한다. 29세에 응시한 문과 전시에 이르기까지 각종 과거에서 아홉 번이나 장원하고 호조좌랑에 임명되기도 한다. 이게 끝이 아니다. 이이는 그 후에도 예조좌랑과 이조좌랑을 거쳐 천추사의 서장관으로 명나라에 다녀왔으며, 사간원

율곡 이이 초상화

정언과 사헌부지평 등의 대간직, 홍문관교리, 부제학 등의 옥당직, 승정원우부 승지 등의 승지직 등을 역임한다.

또한 〈동호문답〉*, 〈만언봉사〉, 〈성학집요〉 등을 집필해 적극적으로 국정 전반에 관한 개혁안을 제시하는 등 혁신가로서의 모습을 선보인다. 이이는 16세기 후반의 조선사회를 중쇠기로 보고 개혁이 필요하다고 주장했다. 하여 〈만언봉사〉를 집필함으로

★ 동호문답 ────────────────────────────
〈동호문답〉은 율곡 이이가 왕도정치의 구현을 위한 경륜을 문답체로 쓴 것이다.

써 조선이 처한 시대에 맞는 제도와 법을 만들어 적극적으로 백성을 구해야 한다고 역설했다. 다시 말해서 이이는 시대가 변하면 그에 맞는 법의 개정 역시 당연한 일이라고 본 것이다.

사임당의 셋째 아들 이이는 민본주의에 입각한 왕도정치의 방법으로 도학정치를 제시했다. 도학정치의 구현과 관련해 언로의 자유를 중시했고 언제나 열린 언로를 통해 신민의 의견과 방책이 수렴되어야 한다고 강조했다.

이이는 이황과 더불어 조선 유학의 쌍벽을 이룬 학자로 서경덕과 이황의 학설을 절충해 조화시켰다. 그렇게 해서 탄생한 것이 그 유명한 '기발이승일도설'로 이와 기는 서로 떨어질 수 없기 때무에 그 발용은 하나뿐, 호발은 있을 없다는 것을 기본 전제로 하는 학설이다. 이는 최고의 존재 원리이기는 하나 형체도 없고 스스로 변화하지 못하며, 스스로 작용할 수 있는 기만 발한다는 의미다.

하지만 이이는 동인과 서인의 대립과 갈등이 심화되는 정치적 상황과 맞물려 점차 세력이 약해진다. 게다가 이이가 직접 건의한 개혁안이 선조에 의해 받아들여지지 않자 벼슬을 그만두고 파주 율곡리로 낙향하였다. 그때 파주와 처가가 있는 해주 석담을 오가며 교육 사업에 종사하면서 그 유명한 〈격몽요결〉을 지었다. 〈격몽요결〉 서문에는 '학문이라는 것은 특별한 것이 아니다. 아버지가 되어서는 자애롭고 자식이 되어서는 효도하고, 신하가 되어서는 임금에게 충성하고, 부부간에는 분별이 있고, 형제 간에는 우애가 있고, 젊은이는 어른을 공경하고 친구 간에는 믿음을 실천하는 것이다.'라고 돼 있다. 이처럼 이이는 이론으로서 학문을 주장하기보다는 일상생활에서 학문이 존재한다는 것을 강조했다.

사임당의 그림이나 시가 일상생활의 소소함을 나타낸 것이라면 율곡 이이의 학문 역시 모든 것은 일상에 있음을 강조한 것이었다. 원리원칙에 입각하기보다는 실생활에서 학문을 실천하는 것을 누구보다 강조했다. 그렇다고 해서 외직에 나갔을 때 소극적인 태도를 보인 것도 아니다.

율곡 이이는 청주목사나 황해도 관찰사 등 외직에 나갔을 때는 지방 풍속을 교화하기 위한 향약과 지역의 자율적 구휼제도인 사창법을 시행하기도 했다. 마흔다섯 살 때에는 대사간으로 복관한 이후 호조, 이조, 형조, 병조 판서 등의 직책을 맡아 평소 주장한 개혁안을 실시하였다.

이때 율곡 이이는 도인과 서인 간의 갈등 해소에 적극적인 노력을 기울이기도 하였는데 이 무렵 〈기자실기〉와 〈경연일기〉를 완성해 왕에게 〈시무육조〉를 지어 바치기도 했다. 하지만 이 무렵 경연에서 이이가 주장한 '십만양병설'은 받아들여지지 않은 것은 유명하다. 이후 마흔여덟 살에 이이는 파주 율곡으로 돌아왔으며, 다음해 서울 대사동 집에서 생을 마감하고 파주의 자운산 선영에 묻혔다. 1624년 8월 문성이라는 시호가 내려졌고, 1682년 문묘에 배향되었으며, 파주의 자운서원과 강릉의 송담 서원 등 전국 20여 개 서원에 배향되었다.

後為學有基址故夫子曰主忠信朱子釋
之曰人不忠信事皆無實為惡則易為善
則難故必以是為主焉必以忠信為主而
勇下工夫然後能有所成就黃勉齋所謂
心地刻苦工夫盡之矣常須夙興夜寐
衣冠必正容色必肅拱手危坐行步安詳
語言慎重一動一靜不可輕忽苟且放過收斂
身心莫切於九容進學益智莫切於九思
所謂九容者足容重（不輕擧也若趨于尊長之前則不可拘此）
手容恭（手無慢弛無事則當端拱不妄動）
目容端（定其眼睫視瞻當正不可流眄邪睇）口容止（非言語飮食之時則口常不動）

聲容靜（當整攝形氣不可出噦咳等雜聲）
頭容直（當正頭直身不可傾回偏倚）氣容肅（當調和鼻息不可使有聲氣）
立容德（中立不倚儼然有德之氣象）色容莊（顔色整齊無怠慢之氣）
所謂九思者視思明（視無所蔽則明無不見）聽思聰（聽無所壅則聰無不聞）
色思溫（容色和舒無忿厲之氣）貌思恭（一身儀形無不端莊）
言思忠（一言之發無不忠信）事思敬（一事之作無不敬愼）
疑思問（有疑於心必就先覺審問不知不措）
忿思難（有忿必懲以理自勝）見得思義（臨財必明義利之辨合義然後取之）
常以九容九思存於心而檢其身不可頃刻放捨且書諸座隅時時寓目
非禮勿視非禮勿聽勿言

先物之思見已下甚扵已下思見老物割

病坂久未會今人生一見未有如存耶兹承情

輸富得幽居與說究懷尉籍不可言䣃

老物之不能無撼扵中者一毫形諸自

莊者久矣束華以枋言還為疾是以來傳

其何能無介然邪然此聰不但已也早晩

策驚塵扵雲扃則烟霞鳴鶯者必有

躊取舍扵動靜惟以力疾臨瀨謝草元

2007년 3월 14일
사임당, 율곡 이이, 옥산 이우의 유품들이
고향으로 돌아오다!

사임당의 후손이 집안 대대로 간직해온 사임당과 율곡 이이, 옥산 이우의
유품 397점을 강릉시에 기증해 화제가 된 적이 있었습니다. 사임당의 아들
이자 율곡 이이의 동생인 옥산 이우(1542~1609)선생의 16대손 이창용 서
울대 교수가 그 주인공입니다. 이 교수가 기증한 유품으로는 5만 원 신권
에 들어 있는 신사임당 초충도의 수박을 비롯하여 과거에 급제해 받은 교
지, 이이와 이우 형제가 주고받은 서신, 과거 보러가기 전에 만든 작은 요
약집 등 역사적으로 귀중한 사료가 포함돼 있었습니다. 이 교수는 강릉시
에서 열린 기증식에서 "유품은 개인 소유가 아닌 국민의 것으로 모두 함께
볼 수 있도록 제자리를 찾아가는 것일 뿐이다"라고 말했습니다.

참고문헌

『조선왕조실록(朝鮮王朝實錄)』

『신사임당의 생애와 서화 연구』(강인홍, 홍익대, 1984)

『조선시대 초충도에 관한 연구』(노영란, 홍익대, 1993)

『강릉시문화재대관』(강릉시, 1995)

『강릉의 문화유적』(강릉문화원, 1998)

『강릉의 문화유산』(강릉시, 2000)

『조선시대 여성인물사연구의 현황과 과제』(한희숙, 한국인물사연구소, 2004)

『오죽헌 ; 율곡기념관 개관기념 도록』(오죽헌 · 박물관, 2012)

『조선시대 화조화의 담채법(淡彩法)에 관한 고찰 : 신사임당의 8폭 초충도를 중심으로』(김선영 외 2 명|한국미술교육학회, 2012)

『사임당』(임해리, 인문서원, 2015)

신사임당

1판 1쇄 인쇄 2016년 9월 27일
1판 1쇄 발행 2016년 10월 5일

지은이   조선사역사연구소
발행인   조은희
책임편집   송윤선
발행처   아토북

등록   2015년 7월 31일 (제2015-000158호)
주소   (10521)경기도 고양시 덕양구 무원로 41, 907-1504
전화   070-7535-6433
팩스   0504-190-4837
이메일   attobook@naver.com

* 값은 뒤표지에 있습니다.
* 잘못 만들어진 책은 구입하신 서점에서 바꾸어 드립니다.

IBSN   979-11-957010-3-2 (03900)